La légende de l'escrime

Crédit photo :

Les documents reproduits dans ce livre font partie des collections et de la documentation de L'Antiquaire de l'escrime.

Leurs prises de vue ont été réalisées par Jean-Louis Macault.

Les croquis reproduits en pages 43, 62, 63, 76 et 102 sont d'André Galland (parus dans *L'Illustration* n° 4927 du 7 août 1937).

La photo de Laura Flessel en p. 83 est de Philippe Leroux (SIPA)

ISBN : 978-2-917971-00-0

La légende de l'escrime

Maître Jacques Castanet

le Pas d'oiseau
176, chemin de Lestang
31100 Toulouse
www.lepasdoiseau.com

Au centre, le masque à la main, Maître Pierre Lacaze dans la salle du très chic cercle de Volney qu'il dirigea dans les années 1950-1960, tout près de l'Opéra, à Paris.

Je dédie cet ouvrage

À mon mentor le maître Pierre Lacaze qui m'a appris la technique du métier de Maître d'armes et, surtout, qui a su me transmettre, intacte, sa passion pour l'histoire de l'escrime dont il était le spécialiste incontesté.

À mon cousin Michel Lis, plus connu sous le nom de Michel le Jardinier, escrimeur, journaliste, écrivain ; il a été le catalyseur de cet ouvrage : qu'il en soit fraternellement remercié.

Au Maître Antonio Spallino, avocat, champion olympique de fleuret avec l'équipe italienne, médaille de bronze en individuel.
Il m'a offert son amitié, il m'a ouvert les portes de passionnantes recherches dans une bibliographie de grand standing. Avec ma respectueuse reconnaissance.

À tous mes anciens élèves

Je remercie mes proches qui m'ont encouragé dans cette entreprise :
mon épouse : Jeanne-Élise ;
mes enfants : Pierre-Jacques, Caroline, Christine et Florence ;
mes petits-enfants : Marie, Jules, Marguerite et Léon ;

mon ami Pierre Albert : professeur émérite de l'université Paris Panthéon-Assas, correcteur du manuscrit.

Sommaire

Préface de Maître Antonio SPALLINO

Champion olympique de fleuret par équipe avec l'Italie en 1956

Maître d'escrime et, en même temps, collectionneur et expert de l'histoire de l'escrime, Jacques Castanet a écrit une œuvre absolument *excentrique*, dans le sens positif du terme, et tout à fait nouvelle dans la littérature consacrée à l'arme blanche.

Il nous faut le remercier d'avoir rassemblé cette savante et enjouée encyclopédie des relations entre les sociétés et les gens d'épée, le rituel des duels et la discipline de la leçon, l'hommage de la Chevalerie et la présence de la femme sur le terrain, marquant la fidélité à l'*art de l'escrime.*

En parcourant l'escrime à travers l'Antiquité, le Moyen Âge, la Renaissance, la Révolution, on pourrait lire, en contre-jour, ses liaisons avec les destinées des pays. Voir, par exemple, le chapitre « La défaite de 1870, ses conséquences sur l'escrime » ou bien les empreintes laissées par des maîtres d'armes étrangers, à la suite des vicissitudes de leurs villes ou pays, dans les cours ou les salles d'armes de l'Europe, par exemple Saviolo ou Angelo Tremamondo à Londres, Salvatore Fabris à la cour du Danemark ou Giuseppe Reali à la cour d'Espagne.

L'avènement des armes à feu a supprimé la primauté de l'arme blanche, mais cela n'a pu effacer la fascination de *la danse de la pointe* et du *tranchant de la lame* dirigée par les deux doigts d'une main, après l'abandon de la dague et de la rapière à deux mains.

La France est riche de grands traités sur l'évolution de l'art des armes ; elle y a été aidée par l'excellent ouvrage d'Egerton

Castle : *Schools and Masters of Fence from the Middle Age to the Eighteenth Century* de 1885, traduit en français par Albert Fierlants en 1888.

Au XIXe et au XXe siècle, cela a permis à de nombreux auteurs de traduire les émotions que procure la pratique de l'escrime. L'un des meilleurs exemples se trouve dans *L'esprit des armes*, texte de Claude La Marche (pseudonyme du médecin Georges Felizet) repris en 1889 par le maître Vigeant dans son *Almanach de l'Escrime :*

« Nos épées se touchent et vous êtes admirablement couvert ; vous me barrez la voie. Furieux, j'attaque de front l'obstacle et je "froisse" votre fer pour l'écarter ; il s'écarte en effet et aussitôt il revient. Mais je n'y suis plus : ma violence n'était qu'apparente et c'est dans la ligne même vers laquelle j'avais chassé votre fer que je me proposais de passer.

On pourrait multiplier les exemples, la gaminerie du "battement", l'ironie du "menacé", la fanfaronnade voulue du "froissement", la sournoiserie discrète et pince-sans-rire du "dégagement" – la fougue de la "feinte du coupé" – l'indolence affectée de la "pression", tout cela s'anime et pense, dans les diverses phases de cette conversation courtoise, aiguisée, railleuse, implacable et bon-enfant qui s'appelle un assaut d'armes ; et c'est de l'ensemble de ces feintes légères et sévères, gracieuses et décisives, que sont faites la courtoisie, la force, la finesse, la diplomatie, en un mot l'esprit de l'escrime. »

En 1925, un disciple d'Alain, Jean Prévost, subtil observateur des sensations internes et des jouissances du mouvement des différentes disciplines sportives trace un portrait précis du « *doigté* » et de la « *finesse* » des amateurs de l'escrime classique :

« Le jeu naturel de nos mains, une adresse qui ne s'est pas enfermée dans quelque métier, ne donnent même pas l'idée de ce qu'est l'escrime : il faut toujours se tenir prêt à exécuter vite une action compliquée et imprévue. Une suite de gestes dont l'ordre est réglé, l'habitude saura, en les distinguant toujours aussi nettement,

les faire se suivre de plus en plus vite. D'autre part un geste voulu, prêt d'avance, qui part au commandement intérieur ou au signal, partira plus vite qu'un autre, et plus violemment. Tout l'art de l'escrime est d'unir dans la même main ces deux promptitudes, de les resserrer l'une par l'autre. Une force s'oppose à une autre force, mais pour un instant et sur un point imprévu d'un fer subtil.

Art vénérable, poli par tous les siècles où il a été la science, le salut et l'honneur des hommes libres, tant d'expériences ne l'ont pas compliqué, mais épuré et simplifié toujours. Dès qu'un escrimeur n'a plus à tenir son attention sur l'exécution de ses gestes, et que sa souplesse est délivrée, l'escrime lui procure une sorte d'ivresse nerveuse. Toute sa finesse et toute sa force convergent à la pointe de son fleuret. Il sent devant lui les nerfs d'un homme qu'il faut sans cesse forcer ou tromper ; qu'il regarde la lame, le corps ou les yeux, c'est la même chose qu'il peut y lire. On s'y juge tout entier, soi-même et autrui, par les coups qu'on porte ; voilà sans doute pourquoi le maître d'armes est plus honoré de ses élèves que le professeur de boxe[1]*. »*

Je n'ai jamais croisé le fer avec Jacques Castanet. Toutefois en lisant ses pages, et connaissant son amour pour les traités d'escrime, j'ai eu la conviction que sa passion pour l'art des armes lui a été transmise par son maître d'armes, Maître Pierre Lacaze. Celui-ci a incarné la rarissime catégorie des enseignants qui établissent *« un rapport globalisant avec la personne de l'élève, alors qu'avec un professeur ou un entraîneur ce rapport est partiel*[2] *».*

« Pour l'élève, le maître doit personnifier l'art des armes dans la plénitude de ses traditions de courage, de chevalerie, de courtoisie, d'honnêteté […]. Le noble privilège du Maître d'escrime est de défendre le prestige, la passion et la poésie de l'arme, et de les instiller dans le cœur et dans l'esprit de l'élève.

Il doit être compétent pour exprimer le profil spirituel de l'art, pendant que son but et de démontrer la beauté de l'architecture de la science et l'harmonieuse simplicité de ses lois[3]*. »*

Pour le dire avec la métaphore des grands maîtres orientaux des arts martiaux, *« le maître est l'aiguille et l'élève est le fil[4] ».*

Moi aussi j'ai eu la chance d'avoir un « Maître » *globalisant*, dans la personne de Giuseppe Pisani di Castagneto, maître de vie, avant que maître d'escrime.

Dans son Magasin-Musée de Savigny-sur-Orge, Jacques Castanet a pensé, pendant des années, à laisser une trace écrite de sa passion pour l'escrime.

Pas question de l'attacher à un ouvrage technique, pédagogique ou historique. Plutôt, une approche sur les sociétés, l'évolution des mœurs, les changements de matériels et leurs influences sur la « technique » des assauts, proche de l'esprit qui anima G. Vigarello dans son *Histoire culturelle du sport* (Paris, 1988).

Ses recherches ont amené Jacques Castanet à découvrir des documents qui n'avaient pas l'habitude de se retrouver dans des ouvrages consacrés à l'escrime : comme ces cartes postales de jeunes escrimeuses en tenue très légère qui circulaient à la fin du XIXe siècle, ou cette publicité des épiceries Félix Potin fidélisant, à la fin du XIXe, leurs clients avec une petite photo des grands maîtres d'armes (Vigeant, Pini, Mérignac). Ou, encore, cette réclame d'une maison de Palerme qui, vers 1930, enveloppait ses oranges d'un papier de soie imprimé en couleurs représentant un escrimeur en fente. La sociologie aussi fait donc partie de cette recherche.

Donnons la parole à un très grand mime, Marcel Marceau, qui a fréquenté de nombreuses salles d'armes de Paris, New York ou Tokyo. Il a décidé de faire de l'enseignement de l'escrime (avec les maîtres Lacaze et Heddle-Roboth) une composante importante dans la formation des élèves de son École internationale du Mimodrame.

Marcel Marceau dit de l'escrime :

« Elle donne le sens de l'élégance, de la précision, du rythme, il faut savoir garder ses distances, mesurer l'espace, avoir le sens de la riposte, de l'esquive ; il faut frapper avec la vitesse de la

foudre et la légèreté de l'oiseau ; l'escrime donne à l'élève le sens du tempo théâtral. Toutes les grandes pièces classiques voient leurs acteurs aux prises avec les jeux de cape et d'épée, de Cyrano de Bergerac *aux* Trois Mousquetaires, *des drames élisabéthains aux tragédies de Shakespeare. »*

Derrière le masque de l'auteur de « *La légende de l'Escrime* » se devinent les vertus de l'escrimeur.

Au lecteur d'apprécier maintenant les qualités dont Jacques Castanet fait preuve dans son travail :

- la liberté de jugement devant les accusations du passé (cf. « La vérité sur le Coup de Jarnac ») ;
- la franchise morale sur *le duel militaire* et sur les « *poules sanglantes* » ;
- l'ampleur inhabituelle des investigations et le goût de recherches bien au-delà de ce qui est déjà connu ;
- le sentiment du cœur et l'intelligence des interrogations sur le futur, notamment quant au face-à-face que se livrent les exigences de l'escrime et celles de la télévision et des médias en général.

Tout cela fait de cette *Légende de l'Escrime* un authentique témoignage sur le plaisir particulier que procure la pratique de ce sport.

Antonio SPALLINO

1. Jean Prévost, *Plaisirs des sports,* 1925.

2. Kenji Tokistu, *L'art du combat,* interview par Cavalan, Vernay et Luteriani, Paris, 1991.

3. Aldo Nadi, *On fencing,* New York, 1943.

4. Mijamoto Musashi, le *Livre des cinq anneaux*, sec. XVI.

Introduction

L'escrime est un sport,

c'est une évidence aujourd'hui admise par tous. Et pourtant, pendant des siècles, voire des millénaires, l'escrime a eu une finalité tout autre que le jeu. Dès les débuts de l'humanité, l'homme, conscient de sa relative faiblesse physique, a cherché à la compenser en inventant des armes, soit pour se défendre, soit pour attaquer. Elles furent d'abord en bois, puis en os, en pierre, en bronze, en fer, en acier... et à feu ! Maintenant, en plus, elles peuvent se présenter, virtuelles, sous forme de *laser* !

Rapidement, elles servirent à régler des querelles individuelles (le duel) ou des combats entre peuplades ou nations (la guerre). Jusqu'à l'apparition de la poudre, l'arme blanche était le principal outil de combat, les adversaires étaient donc physiquement très proches l'un de l'autre et mettaient régulièrement leur vie en jeu. *L'arc* et la *fronde*, par exemple, pouvaient compléter la panoplie guerrière en augmentant la distance entre les combattants.

Les autorités, à tous les niveaux, comprirent vite l'intérêt qu'il y avait à enseigner aux hommes le maniement de *l'arme blanche* qui permettait le développement de la vigueur et de la dextérité en vue d'une guerre toujours possible.

Dans toutes les civilisations (Inde, Égypte, Grèce, Rome...) on retrouve la trace de ces professeurs qui enseignaient la *science des armes*. C'est ainsi que naquirent des castes guerrières ; plus

Fleurettiste, bronze de la fin du XIXe, siècle signé Laporte.

tard, l'arme blanche fut l'apanage des nobles qui, seuls, avaient le privilège de porter l'arme au côté.

L'enseignement du combat basé sur la force brutale (avec l'armure et l'épée à deux mains) évolua à la Renaissance quand apparut la *rapière*, arme légère et très maniable qui permit à l'escrime de naître puis de se perfectionner.

Le duel fut de tout temps interdit par les rois et les princes : ces interdictions, se présentant sous la forme *d'édits royaux contre le duel,* furent peu suivies et les sanctions très lourdes mais peu appliquées. Pour les nobles, ces rencontres étaient l'occasion de s'affranchir un peu de l'autorité royale de plus en plus contraignante.

À travers les guerres d'Italie, la France découvre la Renaissance et les arts qui y sont florissants. Au début du XVIe siècle, apparaissent en Italie les premiers traités techniques d'escrime. La France suit le mouvement mais avec retard : le premier livre en français date de 1573.

Aux XVIe et XVIIe siècles, le nombre de morts en *duel* augmente considérablement, décimant la noblesse française : environ 10 000 morts sont recensés dans les dix années qui précédent la disparition de Henri IV (1610).

En 1670, Molière, dans *le Bourgeois Gentilhomme* donne une définition de l'escrime, lumineuse dans sa simplicité et qui reste toujours valable : « *Tout le secret des armes ne consiste qu'en deux choses : à donner et à ne pas recevoir.* »

Après la Révolution et la suppression des privilèges, certains bourgeois aisés copièrent les traditions des nobles et fréquentèrent les salles d'armes : ils avaient maintenant la possibilité de se battre en duel et l'apprentissage de l'escrime pouvait se révéler utile ! Dans les salles, il était de bon ton de faire des « assauts courtois » où chaque tireur devait annoncer (théoriquement) les touches qu'il recevait. On ne comptait pas encore les touches pour désigner le vainqueur.

Régule signée Rougelet (fin XIXe), la mauvaise garde...

Pour les galas importants, ce sont les chroniqueurs mondains, qui, dans la presse du lendemain, commentent les matches et annoncent le nom des vainqueurs... du moins de leur point de vue !

Vers la fin du XIXe siècle, la mode anglaise des sportsmen se développe en France ; peu à peu on organise des tournois (dans les Jardins des Tuileries par exemple) et on commence à compter les touches. Progressivement l'escrime devient un sport réservé à une certaine classe sociale ; elle ne se démocratisera un peu qu'à partir des années 1930 puis surtout vers 1950-1960 en permettant sa pratique à des jeunes ou des adultes de toutes les classes.

En 1896, pour la renaissance des Jeux olympiques à Athènes, l'escrime a l'honneur d'être inscrite au programme ; elle y est encore et l'escrime française procure régulièrement à nos couleurs un lot de médailles qu'envient bien d'autres sports.

Comme toute activité sportive, l'escrime avait besoin de règlements : ils furent officialisés à partir de la création de la *Fédération nationale pour l'encouragement de l'escrime* (future F.F.E. en 1906) puis de la Fédération internationale (F.I.E. en 1913) créées à l'initiative de dirigeants français qui firent adopter l'usage de la langue française comme langue officielle de l'escrime au plan international.

Vers le début du XXe siècle, elle n'était pratiquée que dans quelques pays européens : France, Italie, Belgique, Angleterre, Allemagne, Suède, Hollande, etc., et Hongrie pour le sabre. Nul ne conteste plus à l'escrime sa vocation sportive aujourd'hui partagée par 127 pays affiliés à la F.I.E. Comme dans d'autres domaines, on y constate malheureusement une diminution progressive de l'utilisation du français au bénéfice de l'anglais. On peut d'ailleurs craindre que le C.I.O., sous l'influence d'une majorité de ses membres, ne fasse voter un jour l'adoption de l'anglais comme langue officielle, oubliant par là même que les Jeux olympiques comme la Fédération internationale sont d'inspiration française.

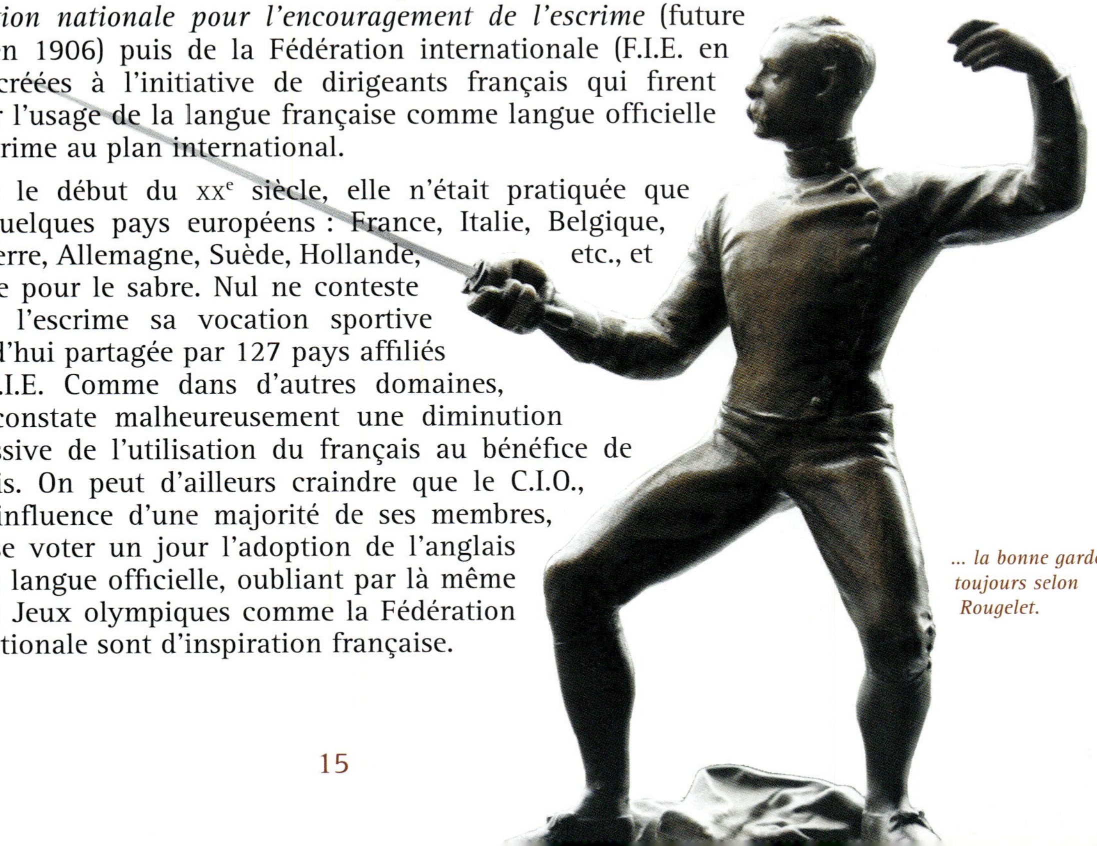

... la bonne garde, toujours selon Rougelet.

Antiquité

Dans toutes les civilisations et aussi loin qu'on remonte dans le temps, l'homme a toujours eu un instinct guerrier dont les trois motivations principales étaient :

- la recherche de la nourriture, donc la chasse avec des armes ;
- la défense du territoire, donc la guerre ;
- la recherche et la protection de « la femme » pour assurer la survie de l'espèce humaine.

Émile Mérignac publie en 1883 et 1886 une monumentale Histoire de l'Escrime. Au cœur de ces 1 000 pages regroupées en deux tomes, on découvre avec surprise que bien des siècles avant notre ère, des formes primitives de nos armes étaient déjà connues en Inde et en Chine. Des combattants se spécialisaient alors pour apprendre le maniement de toutes les armes à des fins purement militaires.

La pratique de l'arme blanche est donc une constante qui évolue du bâton ou de l'os jusqu'à l'utilisation du métal ; cette nécessité vitale de se battre évoluera avec les siècles pour aboutir à notre escrime sportive contemporaine.

En Égypte, l'art des armes est exclusivement réservé à la caste militaire qui, dit Hérodote, « *forme la seconde caste juste derrière les prêtres* » ; ils n'ont pas le droit de pratiquer l'agriculture et « *ils se montrent l'art des armes de main en main et de père en fils* ».

Les monuments de l'Égypte ancienne présentent souvent des « assauts » avec des bâtons, les poteries également, avec parfois des scènes qui peuvent évoquer l'escrime moderne.

En Grèce, une importance de plus en plus grande est accordée aux exercices physiques. Dès l'âge de 7 ans, les jeunes sont formés dans les *palestres* à deux sortes d'exercices : d'une part la lutte, le pugilat, le pancrace pour développer leur force ; d'autre part l'escrime, la course, le saut, les lancers et la danse pour la souplesse.

Chez les adultes, la *gymnastique* avait une importance primordiale dans trois secteurs :

la gymnastique militaire formant les soldats ; on les appelait les *agonistes ;*

la gymnastique médicinale enseignant le moyen de conserver ou de rétablir la santé par des exercices physiques appropriés et un embryon de diététique ;

la gymnastique athlétique : formant les hommes destinés à disputer des prix dans les jeux publics ; c'étaient les *athlètes* dont le nom vient de *« athlon »,* combat.

L'escrime en était l'un des éléments : l'instruction visait à perfectionner l'habileté à manier l'arme blanche, de préférence à la simple force corporelle brute.

Dans les Jeux de la Grèce antique (dont les Jeux olympiques), la récompense suprême était la couronne de feuillage ; mais la cité du vainqueur lui réservait d'autres avantages honorifiques ou lucratifs : nom gravé sur une table de marbre, statue à son effigie, nourriture *ad vitam aeternam.*

Les jeux du cirque à Rome, préliminaire d'un combat de gladiateurs.

L'homoplachi.

À *Rome : c'est par la science des armes que les Romains ont subjugué la terre (É. Mérignac)*

L'entraînement militaire quotidien y était intense (sur le Champ de Mars). Il se déroulait, en temps de guerre comme en temps de paix, par n'importe quel temps et dans n'importe quel lieu. Cela permettait au soldat, habitué à de longues marches avec un lourd chargement en plus de ses armes, de considérer le combat comme la finalité normale, presque moins fatigant ou dangereux que l'entraînement ! À Rome, le service militaire est obligatoire pour tous les citoyens.

Les *docteurs d'armes* apprenaient le maniement du bouclier, du casque et de l'épée sous la responsabilité des préfets des cohortes. D'après Montesquieu (*Grandeur et décadence des Romains*), les auteurs anciens signalent l'excellente santé des soldats romains habitués à s'entraîner très durement.

La lame de *l'épée romaine* n'avait que 50 cm mais, large, pointue et à double tranchant, elle se révélait redoutable dans les corps-à-corps. Les Romains étaient si persuadés de l'utilité de savoir manier leur épée qu'ils « *donnaient double ration aux Maîtres et aux soldats les plus habiles* ».

Les jeux du cirque : un usage ancestral, hérité des Celtes, voulait qu'on immolât, lors des funérailles d'illustres guerriers, des prisonniers ou des esclaves.

On remplaça bientôt ces exécutions capitales : les prisonniers, assortis par paires, devaient combattre jusqu'à la mort... et distraire (!) ainsi ceux qui avaient été invités au spectacle. Les Romains apprécièrent vite ces nouvelles réjouissances et on n'attendit plus une occasion funèbre pour les renouveler et leur donner une ampleur de plus en plus grande avec des effectifs considérables.

Le rétiaire.

Il y avait deux sortes de *gladiateurs* :

- les esclaves, les condamnés ou les prisonniers, pour lesquels c'était l'ultime chance de retrouver la liberté ;
- les gladiateurs volontaires qui risquaient leur vie dans l'espoir d'une gloire qu'ils n'avaient pu obtenir à la guerre.

Le mirmillon.

Ceux qui en sortaient vivants, parfois après plusieurs combats successifs, pouvaient devenir de véritables héros encensés par la foule.

Ces spectacles sanglants étaient annoncés par des affiches (dont des exemples ont été retrouvés à Pompéi). Lorsque l'empereur entre, la foule se lève et les combattants le saluent à leur manière « *Ave Caesar imperator, morituri te salutant* ».

Les jeux du cirque, de plus en plus sanguinaires, vont de pair avec l'affaiblissement de la civilisation romaine jusqu'à son anéantissement.

Après cette évocation de l'Antiquité, nous nous attacherons à présenter le contexte historique propre à chaque grande étape de l'évolution de l'escrime.

Pour cela, nous suivrons l'enseignement du maître Pierre Lacaze qui nous a transmis sa passion pour l'escrime. Il pensait en effet qu'il y a souvent un lien plus ou moins ténu, mais parfaitement méconnu, entre l'Histoire – la grande – et l'histoire de l'escrime ; pendant toute sa vie il s'est attaché à nous le démontrer.

Pour illustrer ce lien, nous nous appuierons notamment sur deux événements historiques aux conséquences imprévues sur l'évolution de l'escrime française :

- la Révolution et la suppression des privilèges qu'elle engendra ;
- la défaite de l'armée française en 1870.

Les gladiateurs étaient divisés en plusieurs classes :	
les **rétiaires**	armés d'un grand filet et d'un trident
les **mirmillons**	armés d'un casque et d'une courte épée, ceux qui sont restés les plus connus
les **homoplachi**	armés de toutes pièces avec bouclier, casque entièrement fermé, cuirasse, épée
les **andabates**	montés sur des chars
les **suppisitilii**	en réserve pour combattre contre ceux qui avaient déjà vaincu
les **bestiaires**	combattant les taureaux, les lions ou les éléphants.

Un duel judiciaire au VIe siècle.

Le Moyen Âge

Tournoi au XVe siècle.

L'**époque des épées légendaires** couvre la période communément baptisée Moyen Âge, située entre la chute de l'Empire romain en 395 après J.-C. et la prise de Constantinople par Mahomet II en 1453.

Les guerres étaient quasi incessantes, en particulier les huit croisades du XIe au XIIIe siècle de l'Europe chrétienne dont l'objectif était d'arracher les Lieux saints aux Musulmans. Les chevaliers en sont encore les principaux symboles.

Obtenir le titre de *Chevalier* nécessitait d'avoir préalablement fait montre de qualités guerrières. L'ascendance noble était indispensable mais quelques « vilains » ont pu l'obtenir par un comportement particulièrement méritoire. Celui qui se destinait à devenir chevalier à l'âge adulte était initié à l'équitation dès l'enfance, au point de faire très tôt corps avec son cheval.

Le candidat débutait comme *page* vers 7 ans avec une éducation très dure pour l'habituer, déjà, à supporter les fatigues des combats à venir : escrime, chasse, équitation étaient au programme de l'enfant. Vers 14 ans le *page* devenait *écuyer* avec apprentissage de plusieurs armes, épée, lance, arc, bâton. L'entraînement devenait franchement guerrier, dégénérant parfois en querelles puis en duels aboutissant parfois à la mort de l'un des jeunes.

La mission des *écuyers* consistait à suivre leur chevalier en portant son écu, à l'armer puis le désarmer, à entretenir ses armes, à tenir son cheval, le *destrier,* puis à le lui donner quand l'ennemi apparaissait. Ce n'est que vers 21 ans que l'*écuyer* pouvait prétendre à devenir *chevalier* : la cérémonie, l'*adoubement,* avait lieu généralement après la bataille à titre de récompense ; parfois avant pour inciter l'écuyer à se montrer digne du titre tant espéré. Il s'agissait d'une cérémonie mi-religieuse mi-militaire : l'écuyer devait veiller dans une église, se confesser, écouter la messe, recevoir l'épée bénie par le prêtre. Il se présentait à genoux devant le seigneur qui lui demandait :

« Pourquoi veux-tu être chevalier ?

– Pour maintenir la religion et honorer la Chevalerie.

– Au nom de Dieu, de saint Michel, de saint Georges, je te fais *chevalier,* soit preux hardi et loyal », lui disait alors le seigneur avant de lui donner l'*accolade* : trois légers coups d'épée sur le cou. Le nouveau *chevalier* jure de protéger la religion catholique, le prince et la patrie, de défendre la veuve, l'orphelin et tous les opprimés. La cause des dames devient celle du chevalier.

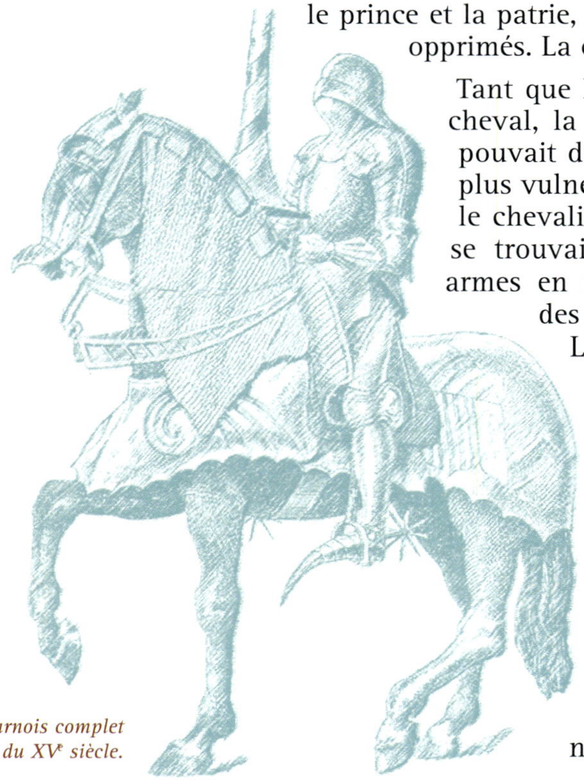

Harnois complet du XVe siècle.

Tant que le chevalier avec son armure était sur son cheval, la situation lui était favorable : l'adversaire pouvait difficilement l'atteindre mais le cheval était plus vulnérable ; sa monture abattue une fois au sol, le chevalier, encombré dans sa très pesante armure, se trouvait en grande difficulté. Avec les lourdes armes en usage, la force brutale était la meilleure des garanties inspirant le respect à l'ennemi. Les guerres sont fréquentes mais, même en y ajoutant les lointaines *croisades,* il reste cependant des périodes sans conflits pendant lesquelles le chevalier a besoin de continuer à s'entraîner. Les *tournois* vont remplir ce rôle en lui permettant de faire étalage de sa vaillance et de sa technique devant la haute aristocratie... et les dames, spectatrices assidues de ces spectacles.

Dès le XIIe siècle, des règlements codifient les tournois afin d'exercer la noblesse à l'usage des armes en démontrant force, adresse, courage, bravoure, tout en restant fidèle aux lois de l'honneur... et de la galanterie. La pratique régulière de ces principes façonnait les hommes et permettait, parfois, de conserver une certaine courtoisie au combat pour en diminuer la brutalité ! Ces vertus chevaleresques furent la caractéristique française durant tout le Moyen Âge et il en reste encore quelques traces dans la tradition populaire.

Le programme de ces tournois comportait divers exercices avec des armes variées : combat d'homme à homme (*la joute*) troupe contre troupe, simulation de la prise d'une place (*le combat à la barrière*), attaque et défense d'une position militaire (*le pas d'armes)*.

Bien que des *armes courtoises*, à bouts émoussés, soient utilisées dans ces tournois, la violence était omniprésente et le sang répandu monnaie courante ; pour aider à la réconciliation générale, tous les participants étaient conviés à un souper final ; pour éviter que des questions de préséance provoquent des difficultés, les convives étaient installés autour d'une table ronde.

Ce serait l'origine de la légende, toujours vivante, des *Chevaliers de la Table ronde.*

Ces tournois devinrent de plus en plus sanglants et, en 1599, quand Henri II se fit tuer dans un tournoi par Montgomery – dont la lance traversa son heaume, la noblesse se désintéressa de ce qui l'avait passionnée pendant des siècles ; les tournois furent rapidement abandonnés.

Quelques-uns toutefois furent encore organisés en Allemagne, le dernier connu, en 1793, fut relaté dans la *Gazette de Hambourg.*

L'épée est l'arme du chevalier, il la conserve toute sa vie et lui voue une véritable adoration.

La fin du Moyen Âge annonce la prochaine révolution de l'escrime, la Renaissance, qui marquera la fin des techniques simplistes basées sur la force brutale imposées par des armes très lourdes. L'apparition de la rapière permettra l'éclosion d'une technique nettement plus élaborée qui évoluera jusqu'à notre escrime contemporaine.

Les romans de chevalerie

1495 : Roland amoureux, poème romanesque du comte Bogardo ;

1516 : Roland furieux, de l'Arioste ;

1541 : Roland amoureux (poème héroï-comique), de Berni ;

1860 : La mort de Roland, de A. Assolant ;

1864 : Roland à Roncevaux, de Mermet.

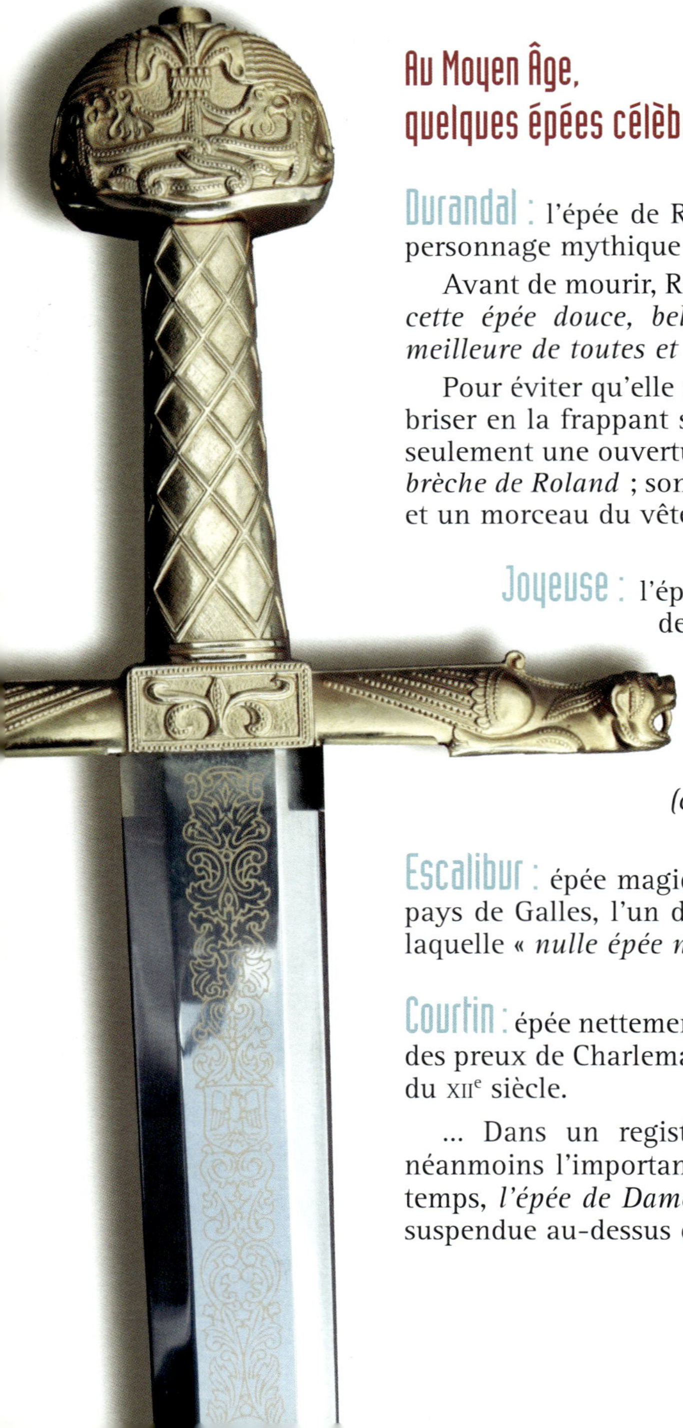

Au Moyen Âge, quelques épées célèbres portent un nom qui a franchi les siècles

Durandal : l'épée de Roland, le héros malheureux de Roncevaux, personnage mythique du Moyen Âge.

Avant de mourir, Roland fait des adieux touchants à son arme : *cette épée douce, belle, avenante, nette et bien tranchante, la meilleure de toutes et la plus vaillante.*

Pour éviter qu'elle ne tombe aux mains des Sarrasins, il veut la briser en la frappant sur un rocher mais n'y parvient pas ; il crée seulement une ouverture dans la montagne qui prendra le nom de *brèche de Roland* ; son reliquaire renferme une dent de saint Pierre et un morceau du vêtement de la Vierge Marie.

Joyeuse : l'épée de Charlemagne, contenant un fragment de la lance qui perça le flanc du Christ sur la Croix.

L'Épée dite de Charlemagne : elle servit au couronnement de plusieurs rois de France *(ci-contre).*

Escalibur : épée magique que la légende attribue à Arthur, roi du pays de Galles, l'un des héros des romans de la Table ronde et à laquelle « *nulle épée ne saurait résister* ».

Courtin : épée nettement moins connue ayant appartenu à Ogier, un des preux de Charlemagne, personnage légendaire de la chevalerie du XIIe siècle.

... Dans un registre totalement différent mais qui montre néanmoins l'importance que l'épée a pu avoir depuis la nuit des temps, *l'épée de Damoclès* qui se dit d'une menace constamment suspendue au-dessus de nos têtes.

Pierre du Terrail, seigneur de Bayard (1453-1524)

Après une éducation vouée à la guerre, Pierre du Terrail devient page de Charles VIII à 16 ans et participe (avec dispense d'âge) à son premier tournoi : il en sort vainqueur *avec lance, épée et masse d'armes.* Cela lui permet d'être engagé dans l'armée et envoyé en Artois ; à 17 ans, remarqué par le roi, il l'accompagne en Italie en vue de la conquête du royaume de Naples.

Après bien des campagnes où il impressionne l'ennemi et se fait apprécier par ses chefs, il fait prisonnier un capitaine espagnol, *Soto Mayor.* Contrairement aux usages en vigueur, il traite généreusement son prisonnier et lui fait promettre de ne pas chercher à s'évader. Reniant sa parole, l'Espagnol se sauve mais il est repris par Bayard qui ne lui rend la liberté que contre rançon. C'est alors qu'il se plaint publiquement des mauvais traitements qui lui auraient été infligés pendant sa détention : Bayard, indigné par un tel comportement, le défie en duel... et le tue.

François Ier, en remerciement de sa vaillance dans de nombreuses batailles, le nomme lieutenant général du Dauphiné et l'emmène combattre à ses côtés à Marignan, en 1515. Le roi est tellement impressionné par le comportement du *Chevalier sans peur et sans reproche* qu'il lui demande, comme un honneur, de le sacrer chevalier : Bayard s'en défend mais le roi lui dit que *c'est un ordre.* Voici donc François Ier à genoux devant Bayard qui, par trois fois, lui frappe l'épaule de son épée pour l'adouber. Il s'adresse alors à son arme : « *Tu es bien heureuse, mon épée, d'avoir à un si vertueux et si puissant roi donné l'ordre de Chevalerie.* »

En 1524, Bayard meurt en pleine gloire, en Italie, d'une grave blessure reçue au combat. Dans l'Histoire de France, il reste l'exemple le plus accompli du chevalier.

L'épée à deux mains

Le pommeau est en forme de disque : c'est le *reliquaire* dans lequel, sous une plaque de cristal, sont insérées différentes reliques, en général ramenées des croisades. Pour cette raison, le serment du chevalier se fait sur le pommeau de son épée et non sur la croix que forment les quillons et la lame. C'est une arme lourde, comparée aux armes de l'escrime moderne (500 g pour le fleuret et le sabre, 750 g pour l'épée) : longue lame à deux tranchants, poignée permettant de la tenir à deux mains ; son maniement est beaucoup moins rapide et moins précis qu'il l'est aujourd'hui avec l'arme moderne. Conçue pour combattre l'armure qu'elle ne peut traverser, ses coups sont essentiellement des coups de taille, de haut en bas ou en diagonale. Si l'adversaire esquive, l'arme poursuit son déplacement dans l'espace, parfois jusqu'au sol, nécessitant de réarmer le coup. La puissance de celle-ci est l'élément déterminant de son efficacité. Elle pert son utilité quand apparaît la rapière et disparaît en même temps que l'armure. Elle est le reflet de la position sociale de son propriétaire.

C'est sous le règne de Philippe-Auguste (1165-1223) que les chevaliers réussirent à se rendre presque invulnérables en joignant les différentes pièces de leur armure, ne permettant plus à l'adversaire d'atteindre le corps avec son épée. Le dicton *trouver le défaut de la cuirasse* a son origine dans cette nouveauté défensive. L'armure est une protection comportant différentes pièces métalliques protégeant tout le corps contre les attaques de l'épée à deux mains mais moins efficace contre les flèches.

Le Duel du bon chevalier Bayard et de don Alonzo de Soto-Major (fin du XIe siècle), par Grasset.

Même si les jointures offrent une très relative liberté de mouvements, l'inconvénient majeur de cet amoncellement métallique est bien son poids considérable ; quand le combattant à cheval se transforme en fantassin à pied, il devient beaucoup plus vulnérable.

L'apparition de la rapière sonna le glas de l'armure.

Les Mousquetaires : la rapière et la dague

Vers le milieu du XVIe siècle, en pleine Renaissance, apparut une arme nouvelle, la rapière, qui permit à la technique de l'escrime de se développer.

En Italie, en Espagne, en Allemagne existaient de célèbres forges (Tolède, Solingen...) qui réalisèrent les rapières que l'on peut encore voir dans certains musées. Par rapport à l'épée à deux mains basée sur la puissance de son utilisateur, ces armes étaient beaucoup plus légères, plus maniables aussi et permettaient des *actions offensives* et *défensives* infiniment plus variées. Ces véritables œuvres d'art témoignaient d'une excellente compétence dans le travail de l'acier, de l'argent et autres métaux nobles. Les lames pouvaient dépasser 1,10 m, avec double tranchant, pointues, permettant surtout les coups de pointe (*armes d'estoc*) mais aussi les coups de tranchant (*armes de taille)*. Elles portaient toujours le poinçon de l'armurier, et étaient parfois décorées aux armes de leur propriétaire.

Les gardes laissaient libre cours au talent du fabricant, protégeant la main avec une coquille pleine ou ajourée, avec des quillons plus ou moins longs utilisés dans

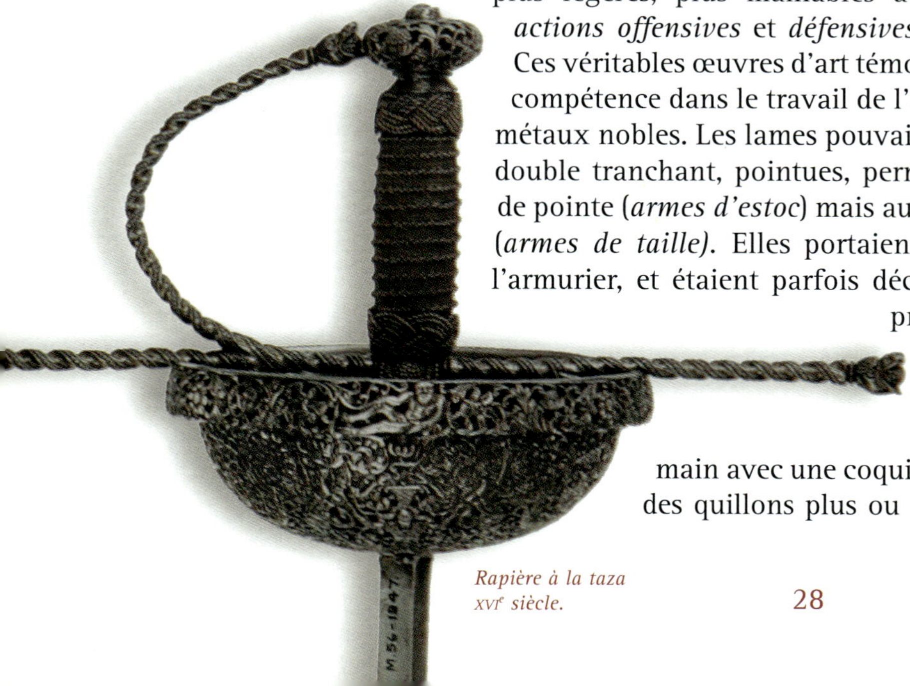

Rapière à la taza
XVIe siècle.

les corps-à-corps, ou avec une série d'arceaux et d'arcs de jointure qui permettaient au besoin de casser la pointe de l'arme adverse.

Le Duel des Mignons (1578), illustré par Detti, en 1885.

La poignée était souvent recouverte d'un fil d'acier ou d'un autre métal plus précieux.

Le pommeau était évidemment riveté : une petite pièce supplémentaire, *la goutte,* était soudée à son extrémité. Pour faire face à un éventuel bris de lame, celle-ci était usinée de manière à pouvoir être changée sans avoir besoin de limer le pommeau, décoré des mêmes motifs que la garde.

La panoplie du tireur comportait une seconde arme, *la dague*, ornée des mêmes décors que la rapière. Les deux armes constituaient une association redoutable au combat. La dague apparut au XIVe siècle, on l'appelait aussi miséricorde ou main gauche : portée à la ceinture, à droite, en symétrie avec l'épée portée à gauche. Son utilisation est détaillée dans les premiers traités italiens de Giganti, Grassi ou Marozzo. L'escrime de spectacle moderne reconstitue ces techniques qui nécessitent un entraînement spécifique.

Pendant toute la seconde moitié du XVIe siècle, ces deux armes furent très utilisées dans les duels que les « Mignons d'Henry III » rendirent célèbres ; les deux duellistes étaient traditionnellement accompagnés chacun par deux témoins qui, un jour, décidèrent de se battre eux aussi : ces duels à six firent des ravages car le *duel au premier sang* (instauré au XIXe) n'existait pas et on relevait fréquemment deux ou trois morts, les rescapés s'en sortant avec de nombreuses blessures.

Les Mousquetaires

S'il ne devait y avoir qu'un seul personnage pour symboliser la légende de l'escrime, ce serait évidemment un *mousquetaire* et très probablement le plus emblématique d'entre eux, Charles de Baatz, seigneur d'Artagnan, gentilhomme gascon (1611-1673), capitaine aux Mousquetaires du Roy (Louis XIV), maréchal de camp, tué au siège de Maestricht.

L'histoire avait déjà retenu son nom puisqu'un écrivain de l'époque, Courtilz de Sendras avait écrit *Les Mémoires de Monsieur de d'Artagnan* et que Louis XIV en personne, impressionné par ses états de services, lui avait confié une mission particulièrement délicate : arrêter monsieur le Surintendant des Finances, Fouché, et le conduire sous bonne escorte dans la forteresse de Pignerol (dans les Alpes).

Fouché avait commis un *crime de lèse-Majesté* en invitant le roi dans son château de Vaux-le-Vicomte et en lui offrant des festivités d'une telle opulence que le roi lui-même n'aurait pu organiser les mêmes à Versailles.

Dague, appelée aussi main gauche, assortie à la rapière de la page 28.

Deux siècles plus tard, Alexandre Dumas, relisant l'ouvrage de Courtilz de Sendras, s'appropria le personnage de d'Artagnan, lui donnant ainsi une renommée universelle en le plaçant au centre d'un roman mondialement connu : *Les Trois Mousquetaires* (et la suite de leurs aventures). Trois gentilshommes du Sud-Ouest (comme d'Artagnan) sortaient de l'anonymat : Isaac de Porthos (1617-1650), Armand de Sillègue d'Athos d'Antevielle (1615-1643) et Henri d'Aramis (1620-1674) pour compléter l'équipe légendaire. Ils symbolisent le courage, la loyauté, le panache, la fidélité (à leur roi), toutes vertues mises en valeur par une compétence incomparable au *maniement de la rapière et de la dague*. La traîtrise et la lâcheté nécessaires à toute intrigue sont symbolisées par Milady et le comte de Rochefort ; quant aux adversaires avec lesquels ils sont en opposition permanente, ce sont évidemment les gardes du cardinal de Richelieu.

Les mousquetaires unis par une même devise, « Tous pour un, un pour tous ».

Les personnages étaient en place, les lieux où se situait l'action faciles à décrire, le contexte historique connu... et adaptable si besoin. Alexandre Dumas pouvait laisser libre cours à son imagination, créer ainsi un nouveau genre littéraire et enchanter des générations de jeunes et de moins jeunes qui s'identifièrent spontanément à ses héros : la légende de l'escrime, déjà bien vivante, s'en trouvait confortée et pouvait perdurer jusqu'à nos jours.

Duel sous Louis XIII, grande affiche scolaire ; au milieu, la fameuse et sinistre tour de Nesles.

Au XIXe siècle, d'autres auteurs s'essayèrent avec succès à ce genre qui, au siècle suivant, allait devenir particulièrement populaire à travers le cinéma.

Théophile Gautier : *le Capitaine Fracasse*
Michel Zévaco : *Pardaillan,*
Paul Féval : *le Bossu*
Edmond Rostand : *Cyrano de Bergerac*... pour ne citer que les plus connus qui, tous, apportèrent leur pierre à l'édification de notre légende.

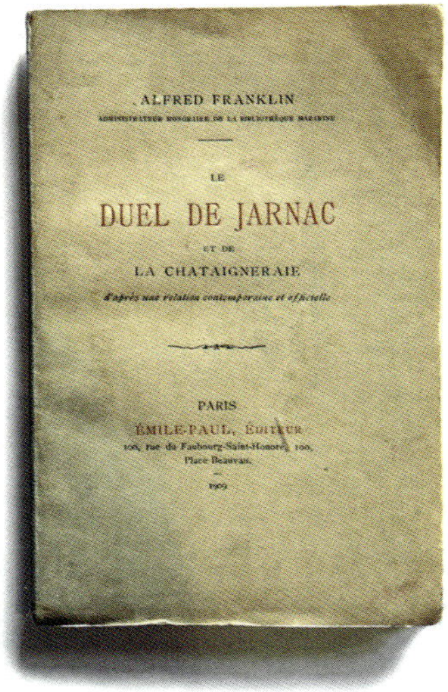

La vérité sur le "coup de Jarnac"

Qu'évoque pour vous le coup de Jarnac ?

Il est évident que la plupart d'entre nous répondraient à cette question : « *une action réalisée par traîtrise* ». La vérité historique est tout autre.

En 1547, sur la terrasse du château de St-Germain-en-Laye, résidence royale, un « *duel à outrance* », c'est-à-dire jusqu'à la mort de l'un des combattants, opposa François de Vivonne, sieur de la Châtaigneraie, à Guy Chabot, seigneur de Jarnac. Ces deux jeunes nobles étaient amis et appréciés à la cour de François Ier jusqu'à ce qu'un différend grave les oppose. La Châtaigneraie se vanta que Jarnac lui aurait dit avoir eu des relations incestueuses avec sa belle-mère. La rumeur injurieuse revint aux oreilles de Jarnac qui tenta de s'en défendre. Les deux hommes adressèrent une supplique au roi qui leur interdit de se battre. Mais le roi disparut et son successeur, Henri II, annula cette interdiction d'autant plus que La Châtaigneraie, son favori, passait pour l'une des plus fines lames du royaume. Le 11 juin 1547, le roi « *ordonne le combat... car la vérité ne peut être sue et l'innocent justifié de son honneur que par les armes* » dans un délai de 40 jours. Il s'agissait donc d'un duel judiciaire : devant l'impossibilité de désigner le coupable, on invoquait alors la justice divine, le bras de Dieu ne pouvant aider que l'innocent.

Portrait de Guy Chabot, seigneur de Jarnac.

Frontispice des mémoires de Brantôme, édition de 1740.

Cette formule, très employée au Moyen Âge, était tombée en désuétude et il fallut en rechercher le rituel très précis établi bien des années auparavant.

Le 11 juillet, les deux adversaires se présentèrent dans le « *champ clos* » devant le roi et toute la cour rassemblés dans une grande tribune ; une foule très importante entourait la lice. Les préliminaires durèrent plusieurs heures : La Châtaigneraie, conscient de sa supériorité évidente, était serein ; il avait même fait préparer un « buffet » pour fêter sa victoire ! Jarnac, beaucoup plus inquiet, s'était longuement entraîné avec un maître d'armes italien qui lui avait enseigné une botte secrète : l'attaque par surprise qui, portée dans les premières secondes du combat, était sa seule chance de survie. Dès le commandement du Héraut d'armes « *laissez aller les bons combattants* », Jarnac se précipita sur son adversaire en prenant un maximum de risques : il se fendit à fond et le toucha profondément sous le genou gauche : La Châtaigneraie chancela mais se releva aussitôt tandis que Jarnac, déjà en garde, lui portait une seconde attaque identique ; cette fois, La Châtaigneraie s'effondra en perdant son sang en abondance. Jarnac lui cria « *Rends-moi mon honneur* » et, n'obtenant pas de réponse, s'avança vers la loge royale pour s'adresser au roi : « *Sire, estimez-moi homme de bien.* » Vexé d'avoir perdu son favori, le roi ne broncha pas pendant un long moment cependant que la foule, frustrée d'un combat aussi court, commençait à gronder. La Châtaigneraie, blessé encore plus moralement que physiquement, fut emporté hors de la lice, arracha le garrot qu'on lui avait posé… et mourut deux jours plus tard de la gangrène.

Des centaines de témoins avaient assisté au combat, des chroniqueurs officiels aussi qui s'empressèrent d'en raconter le déroulement… Et la traîtrise dans tout cela ? Rien, pas le plus petit commentaire désobligeant, rien, si ce n'est la surprise d'avoir assisté à quelque chose d'inhabituel, à une phrase d'armes inconnue.

Alors, d'où vient l'opprobre qui entache le nom de Jarnac 450 ans plus tard ?

Le duel jouissait d'un réel prestige auprès des jeunes nobles malgré une interdiction absolue mais non respectée ; ils y voyaient un moyen détourné de s'affranchir un peu du pouvoir royal mais le nombre de morts dans l'aristocratie était énorme. Les Jésuites, faute de pouvoir insister sur l'interdiction, eurent l'idée de tenter de déconsidérer le duel dans l'opinion publique : dans leur *Dictionnaire de Trévoux*, publié à la fin du XVIIIe, ils rajoutèrent cette notion de traîtrise dans la relation de ce duel.

Il ne semble pas que cela diminua ensuite la furie des duels mais le résultat, imprévu, fut d'entacher durablement le nom de Jarnac d'une connotation infamante, au grand dam des habitants de cette ville de Charente. Littré, dans son *dictionnaire du XIXe*, fut le premier à tenter de le réhabiliter. Le maître Pierre Lacaze, dans *Histoire de l'Escrime* paru en 1971, renouvela la tentative. En vain… Il est à craindre que ces quelques lignes n'aient pas plus d'efficacité !

« Le Duel entre Jarnac et La Châtaigneraie », gravure d'époque.

Armoiries de la Compagnie des maîtres d'armes accordées par Louis XIV.

La corporation des Maîtres d'armes

Le premier document connu sur l'enseignement de l'escrime à Paris date de 1292 (règne de Philippe le Bel), il concerne la taxe que devaient acquitter les sept *« escrimisséeurs »* connus.

Une ordonnance du Parlement d'août 1554 interdit aux écoliers de l'université de quitter l'étude du grec et du latin pour aller « *tirer des estocades* » dans les salles d'armes. Les maîtres d'armes restent isolés mais comprennent l'intérêt de se regrouper, ils proposent des statuts à Charles IX qui, en 1567, autorise par lettres patentes, « *les Maistres Joueurs et Escrimeurs d'espée de la Ville de Paris* » à se réunir en communauté.

En 1585, Henri III confirme les privilèges accordés et fait enregistrer par le Parlement de nouveaux statuts ; l'apprentissage est porté à quatre ans et nul ne peut enseigner s'il n'a « *été reçu à la maîtrise par chef d'œuvre ou expérience* ».

Nouvelles ordonnances en 1633 portant l'apprentissage à six ans. saint Michel est officiellement déclaré *Patron des Escrimeurs* et, tous les ans, les membres de la communauté doivent entendre la messe en son honneur au couvent des Augustins. Louis XIV confirme ces statuts en septembre 1643. En 1646, il décrète que *« les maîtres en fait d'armes de la ville faubourgs et banlieue de Paris »* seraient réduits de 25 à 20. Surtout, il accorde la noblesse héréditaire aux six plus anciens Maîtres ayant 20 ans d'exercice et des armoiries* officielles à la Compagnie : le champ d'azur à deux épées en sautoir, les pointes hautes… accompagnées de 4 fleurs de lys et trophée d'armes autour. Ces marques de faveur accordées à la Compagnie des Maîtres d'armes de Paris montraient toute l'importance que Louis XIV attachait à l'enseignement de l'escrime.

* En 1871, pendant la Commune, l'Hôtel de ville de Paris fut partiellement détruit par un incendie, lors de sa reconstruction, les vitraux disparus furent remplacés et certains nouvellement créés : l'un d'eux représente les armoiries des maîtres d'armes attribuées par Louis XIV.

Louis XV, en 1758, confirma à nouveau les statuts de 1643. L'enseigne traditionnelle des Maîtres d'armes de la communauté était un bras armé d'une épée, la dextrochère, accrochée devant la porte de la salle. Le titre de *Maîtres en fait d'armes* permettait d'enseigner dans des écoles placées sous l'autorité royale qui portaient le titre d'*Académies du Roy.*

Ces Académies disparurent les unes après les autres et, en 1788, les maîtres fondèrent l'*École royale d'Armes* dont Danet fut le premier directeur.

Le 31 décembre 1789, dix-sept Maîtres de la Compagnie viennent devant l'Assemblée nationale pour *« présenter leur hommage patriotique et faire l'offrande de leurs armes à la Patrie ; l'argent qui les compose servira pour les besoins pressants du moment, le fer sera mis au service de la Nation, au maintien de la Liberté et à la défense du meilleur des rois »…*

Malgré ce bel élan patriotique, cela n'empêcha pas la Révolution d'envoyer à la guillotine le maître Rousseau, coupable d'avoir été le maître d'armes des « *enfants Capet* ».

Médaille de l'Académie d'armes de Paris, 1886.

Enfin, le 17 mars 1791, un décret ordonne la suppression de toutes les corporations, maîtrises et jurandes : après 224 ans d'existence, la Compagnie des Maîtres en fait d'armes de Paris disparaît.

En 1886, quelques maîtres parisiens réputés (Gatechair, Bergès, Rouleau, Vigeant...) posent les bases d'une nouvelle association : l'Académie d'Armes de Paris dont le nombre de membres est fixé à 30. On y ajoute les maîtres auxiliaires ou maîtres adjoints reçus sur présentation de deux membres et après examen. Ceux qui enseignent à l'étranger sont membres correspondants.

Il existe enfin des membres militaires, adjudants maîtres d'armes enseignant dans les écoles de l'État. La devise ancienne « *Ne la tire pas sans raison, ne la rentre pas sans honneur* » est remplacée par « *Ars pro patria* ». Saint Michel reste le patron des escrimeurs : un banquet annuel en son honneur est organisé à Paris à l'Hôtel Continental. Le peintre officiel Frédéric Régamey illustre les brevets décernés par l'académie.

En 1942, *l'Académie d'armes de Paris* devient l'Académie d'armes de France (AAF) qui perdure de nos jours et se veut le conservatoire de nos traditions ; elle se spécialise dans *l'escrime de spectacle* qui remet à l'honneur les techniques de combat des siècles passés, en costumes d'époque pour les représentations sur scène. Pendant des années et avant la création des *brevets d'État*, (décernés dans toutes les disciplines sportives) l'A.A.F. faisait passer les *diplômes de Maîtres d'armes*.

En 1968, l'escrime n'échappe pas au vent de contestation qui agite tous les domaines : dès 1969, création de l'AEEPSMA (Association des enseignants d'éducation physique et sportive Maîtres d'armes), qui se donne pour mission de moderniser l'enseignement de l'escrime. Quelques années plus tard, elle change de sigle et devient l'ERE (Enseignement, recherche, escrime).

Il existe actuellement deux associations représentatives de la Corporation des Maîtres. Elles travaillent en étroite collaboration avec la Fédération française d'escrime et se veulent complémentaires :

- l'ancestrale AAF qui délivre des diplômes spécifiques d'escrime de spectacle ;
- la FNMA, plus soucieuse des problèmes contemporains.

Le Concours des Maîtres-adjoints, aquarelle de Frédéric Regamey, 1891.

À la fin des années 1980, la nécessité de pouvoir défendre les maîtres en conflit avec leurs clubs se fait sentir, s'ensuivra la création, en 1991, de la Fédération nationale des Maîtres d'armes (F.N.M.A.) qui s'est donné pour missions essentielles :

- de traiter les problèmes de la pédagogie de l'escrime.
- de confier à un avocat, lui-même Maître d'armes, la défense des collègues en difficulté.

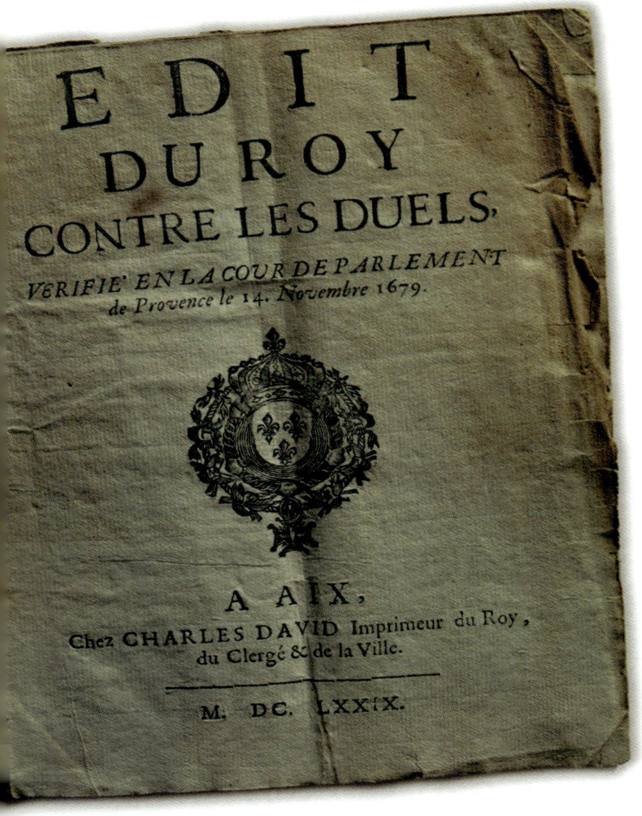
EDIT DU ROY CONTRE LES DUELS,
VERIFIE' EN LA COUR DE PARLEMENT de Provence le 14. Novembre 1679.
A AIX,
Chez CHARLES DAVID Imprimeur du Roy, du Clergé & de la Ville.
M. DC. LXXIX.

Édit du Parlement de Provence 1679.

Les édits royaux contre le duel

Le duel fut de tout temps interdit en France mais il fut aussi constamment toléré par les autorités qui ne réussirent jamais à le supprimer car, sous l'Ancien Régime, il conférait aux nobles qui se battaient (les seuls à posséder « une arme au côté ») un certificat de courage qui les valorisait aux yeux de leurs contemporains.

À mesure que la centralisation du pouvoir royal s'étendait, les pouvoirs des seigneurs locaux s'amenuisaient, et se battre en duel était une provocation qui leur permettait d'affirmer qu'ils existaient encore*.

Sous le règne de Saint-Louis (1226-1270) il était déjà difficile, dans une grave querelle entre deux nobles, de définir celui qui avait raison ; la justice s'estimant dans l'impossibilité de trancher, on avait recours au duel judiciaire ; avec la bénédiction du roi, le combat à outrance, c'est-à-dire jusqu'à mort d'homme, était public ; Dieu était censé aider la main de celui qui était dans son droit. C'est au sein de l'Église que se manifestent les premières résistances contre le duel judiciaire. Philippe le Bel, en 1296, interdit les guerres privées.

*Le sceptre des rois et leur main de justice pesaient encore à tant de seigneurs dont il avait fallu détruire les privilèges pour étendre ceux de la couronne. Ils voyaient dans le duel un souvenir de leur ancienne indépendance, un reste de leur droit de guerroyer et de tirer par eux-mêmes vengeance de leurs injures. (Dixit Cauchy, 1863.)

Ces combats tendent à disparaître aux XIVe et XVe siècles. Des conditions particulières le feront renaître de ses cendres en 1547 pour le duel Jarnac/La Châtaigneraie, considéré comme le dernier duel judiciaire connu, remplacé par ce qu'il est convenu d'appeler le duel moderne.

En 1563, le concile de Trente frappa d'excommunication les duellistes, interdisant de sépulture chrétienne ceux qui étaient morts au combat.

En 1578, grand scandale avec le duel entre Quélus, favori du roi (assisté de Livarot et Maugiron) et d'Entraigues (assisté de Ribérac et Schomberg) qui se battirent en plein Paris. L'histoire retient que ce fut la première fois que les « seconds » se battirent en même temps. Le résultat, le score comme on dirait maintenant en langage sportif : Maugiron et Schomberg expirèrent sur place, Ribérac le lendemain, Livarot mit plus d'un mois à s'en remettre et Quélus succomba un mois plus tard des dix-neuf coups d'épée qu'il avait reçus.

Henri IV (roi de 1589 à 1610) s'appliqua à pacifier les querelles entre les seigneurs de sa cour. Le Parlement, le 26 juin 1599, publia un décret sur le *crime de lèse-majesté* avec confiscation des biens des duellistes. Dès avril 1602, à Blois, Henri IV s'estimait *« indigne de porter le sceptre s'il différait davantage de réprimer l'énormité de ce crime par la sévérité des lois »*. Malgré cette interdiction, les combats se multiplièrent et les morts se comptèrent par milliers. Les auteurs contemporains en dénombrèrent près de 10 000 dans la décennie précédant la mort de Henri IV. Ceux qui avaient survécu pouvaient envoyer une lettre de demande de grâce au *Tribunal des Maréchaux* pour être dispensés des rigueurs de la loi.

Malgré l'absence de résultats de ces édits, leur promulgation se poursuivit : Fontainebleau, juin 1609 ; Paris, 1er juillet 1611 ; Paris, 18 janvier 1613, 27 janvier 1614, 1er octobre 1614, 14 juillet 1617... Un recueil publié en 1679 donne les textes *in extenso* des

* Imprimés à Paris, ces édits ont été repris par les parlements de province pour y être appliqués à l'échelon régional.

42 édits royaux qui ont été promulgués entre 1599 et 1679, soit pratiquement un tous les deux ans*.

Lors de leur sacre, tous les rois de France firent le serment d'éradiquer le duel : en vain, même Louis XIV au plus fort de sa puissance n'y est pas parvenu ; Napoléon ne fit pas mieux, de même que les trois Républiques successives jusqu'en 1914, malgré une abondance de textes législatifs menaçant les duellistes des pires sanctions.

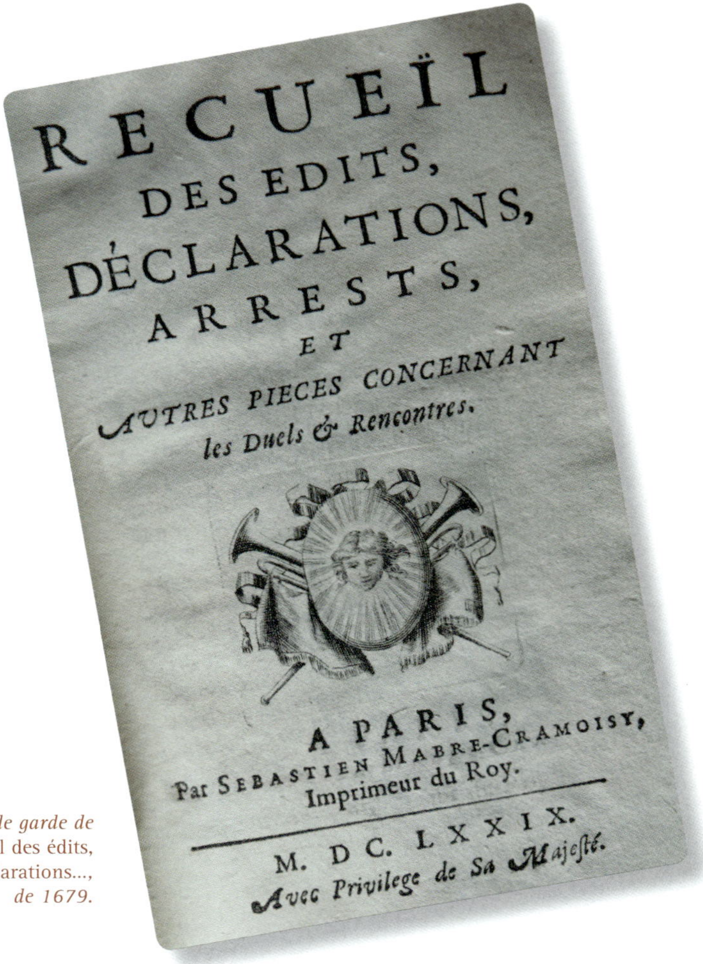
RECUEÏL
DES EDITS,
DÉCLARATIONS,
ARRESTS,
ET
AUTRES PIECES CONCERNANT
les Duels & Rencontres.

A PARIS,
Par SEBASTIEN MABRE-CRAMOISY,
Imprimeur du Roy.

M. DC. LXXIX.
Avec Privilege de Sa Majesté.

Page de garde de Recueil des édits, déclarations..., *de 1679.*

Le Fleuret

Dès sa création, l'arme blanche a été conçue puis améliorée pour donner les meilleures chances à son utilisateur de tuer ou blesser l'adversaire. Que ce soit l'épée à deux mains, la rapière, l'épée de cour, l'épée de duel ou toute autre arme, le but restait le même.

L'apprentissage était évidemment dangereux, tant pour l'élève que pour le maître. Ce fut une véritable découverte quand, vers 1660, on imagina le fleuret : c'était la première arme non pointue destinée à apprendre le maniement de *l'arme d'estoc,* tout en permettant d'en diminuer considérablement les risques. Notons que le masque n'apparut qu'un siècle plus tard vers 1760.

Description du fleuret :

- la *lame,* plate et d'environ 78 cm, porte à son extrémité un petit méplat large comme un ongle, enveloppé d'un petit morceau de cuir en forme de mini-sac ficelé, ancêtre de la *mouche ;*
- la *garde* en forme de huit, déjà, agrémentée de 4 arceaux vers l'avant, vestiges de la garde de certaines rapières dans lesquelles

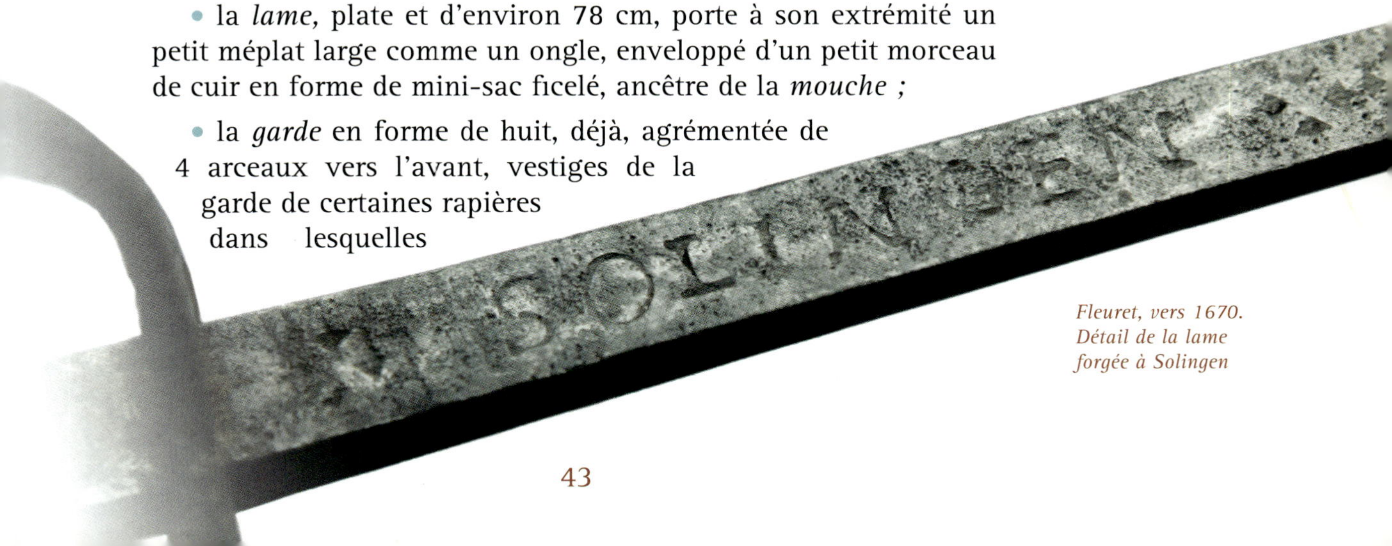

Fleuret, vers 1670. Détail de la lame forgée à Solingen

Fleuret fin XVIIe.

ces arceaux avaient pour mission de casser la pointe adverse si elle s'y engageait ;

- la *poignée* en bois,
- le *pommeau,* riveté évidemment : garde et pommeau étaient forgés à la main.

Cette arme se modifia peu et, vers 1800, on notait que la *garde* s'était simplifiée et ne présentait plus que le « *8* » d'origine, que la *lame* n'était plus plate mais avait la section rectangulaire actuelle et s'était nettement allongée ; elle présenta ensuite un poinçon près du talon pour indiquer la longueur : n° 5 (environ 87 cm), n° 4 (83 cm) et très rarement des *fleurets pour enfants* n° 1 et 2 (80 cm) ; la lame 0 pour poussins étant de création récente.

La fabrication se diversifia au cours du XIXe siècle : en plus de la *garde en huit* ou en lunettes classiques, on fabriqua, en cuivre ou simili argent, des *gardes* et des *pommeaux* de formes diverses (lys, chêne et laurier, renaissance, armures) et même, luxe suprême, en *acier damasquiné en relief.* Deux *viroles de cuivre*, aux extrémités de la poignée, fixaient la ficelle... ou le cuir et le velours selon la richesse du modèle. Certaines lames étaient en *acier bleui* décoré à l'or, de véritables pièces de collection destinées à des escrimeurs fortunés, toujours fabriquées par paires parce qu'il était de bon ton de présenter une arme identique à son partenaire/adversaire.

À la fin du XIXe siècle, de nouvelles gardes apparurent, en particulier la garde Mérignac, créée et adoptée par le maître Louis Mérignac, dit « le Patron », de forme rectangulaire ; d'autres, de forme ovale ou le huit habituel, mais en métal plein.

Au tout début du XXe, quand l'escrime devint sportive et non plus cantonnée aux assauts courtois en salle, la casse d'une lame rivetée posa des problèmes qu'il fallait résoudre rapidement : on créa alors des armes démontables, en particulier le système Joinville (et le système Goupille, breveté mais qui n'obtint jamais le succès que ses créateurs avaient espéré).

La poignée française (droite ou gauche) – par opposition à la poignée italienne avec son « ricasso » – existe encore aujourd'hui, non plus avec ficelle mais, pour des raisons économiques, moulée en plastique.

Pour obtenir une meilleure préhension, les fabricants ou certains amateurs modifièrent la forme traditionnelle de la poignée : poignée ambidextre des Ets Souzy, du Docteur Doyen sans doute la première crosse, et, plus tard, poignée Gardère, Dos Santos, Baudat...

Le début de l'apprentissage se faisait de plus en plus jeune : cependant, vers 1970, dans les compétitions pour enfants, on voyait des poussins ou des pupilles tirer avec des fleurets n° 5 à poignée crosse ! La commission des éducateurs de la F.F.E. s'en émut et fixa des règles toujours en vigueur :

- poussins et pupilles : *lame 0* (77 cm) ;
- benjamins : *lame 2* (82 cm) ; crosse interdite ;
- à partir de minimes, *lame 5*, aucune restriction.

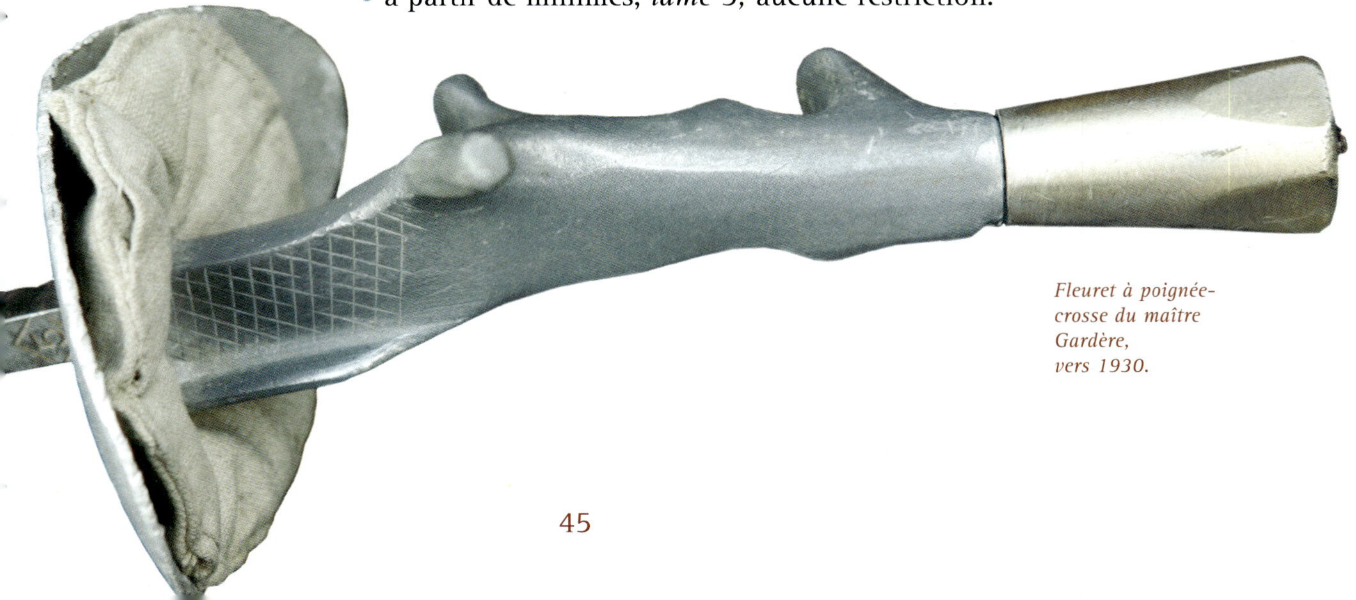

Fleuret à poignée-crosse du maître Gardère, vers 1930.

Au fleuret féminin, la lame 4 était de rigueur avec des assauts en 4 touches ; il a fallu attendre le mouvement féministe vers 1970 pour que les escrimeuses obtiennent la parité avec des lames de 5 et des assauts en 5 touches... et plus tard, la possibilité de tirer à l'épée d'abord puis au sabre !

Vers 1970, pour pouvoir équiper un nombre croissant de jeunes escrimeurs à moindre coût, on créa un fleuret à lame en *fibre de verre* puis un fleuret entièrement moulé en *fibre de verre* (monture et lame en une seule pièce). L'ensemble était réputé *incassable*.

On s'aperçut très vite que cette réputation donnait immanquablement au tireur l'envie de tester cette solidité... jusqu'à la casse qui provoquait des éclats extrêmement acérés et dangereux : ces fleurets furent très vite retirés de la circulation...

La difficulté de juger les touches à l'œil avait amené la création de l'épée électrique à partir de 1932. Pour le fleuret électrique, la solution technique était plus complexe avec l'existence des *zones valables et non valables* : il fallut attendre 1955 pour résoudre le problème avec une nécessaire adaptation pour les tireurs... et beaucoup de réticence chez certains, Christian d'Oriola en particulier, déjà champion olympique en 1952 au fleuret ordinaire et qui conserva sa couronne en 1956 au fleuret électrique !

Le fixage d'une pointe d'arrêt. (La Grande Semaine d'épée, 1903)

Le fleuret est donc traditionnellement l'arme des débutants bien que certains maîtres proposent de commencer l'initiation directement à l'épée ou au sabre.

C'est une arme de convention dont les principes de base sont restés stables depuis l'origine, seule la définition de la zone valable a évolué :

- zone valable (le tronc) et zones non valables (tête : masque et sa bavette, bras et jambes) ;
- priorité à l'attaque (sur l'arrêt) ;
- priorité à la riposte (sur la remise).

La phrase d'armes est constituée de cinq éléments traditionnels :

- l'attaque ;
- la parade de l'attaque ;
- la riposte ;
- la parade de la riposte ;
- la contre-riposte.

Conventions et phrase d'armes permettent théoriquement une forme de conversation entre les tireurs, chacun ayant « la parole » à tour de rôle : cette forme d'escrime très policée était particulièrement appréciée des fleurettistes anciens mais on peut craindre qu'elle ne soit bientôt plus qu'un souvenir... car la notion d'attaque – allongement du bras puis fente, qui conditionne la compréhension de la convention et son application par l'arbitre – a considérablement évolué en escrime de compétition par rapport à l'apprentissage du fleuret classique tel qu'il a été pratiqué pendant bien longtemps !

Fleuret Mérignac, *vers 1900.*

Saint-George et d'Éon :
deux figures de légende

Deux personnages aux destinées hors normes s'illustrèrent, pendant la seconde moitié du XVIIIe siècle, dans des domaines bien différents : le chevalier Saint-George (1745-1799) et le chevalier d'Éon (1728-1810).

Ils furent tous deux d'excellents escrimeurs que nous qualifierions aujourd'hui de haut niveau. Ils se rencontrèrent à Londres en 1787 dans un assaut célèbre qui défraya la chronique de part et d'autre de la Manche.

Le chevalier Saint-George

Né à la Guadeloupe en 1745 et mort à Paris en 1799, il était le fils d'un aristocrate parti aux Antilles pour y faire fortune dans une plantation de canne à sucre et d'une très belle esclave noire, *Nanon*. Dès son plus jeune âge, il présenta des dispositions physiques et artistiques exceptionnelles. Il vivait donc en porte-à-faux entre deux cultures, la condition d'esclave de sa mère et le statut paternel de « *grand blanc* ».

Une anecdote conditionna sa vie entière : « *profitant de sa situation privilégiée, il se permit un jour d'intervenir auprès d'un responsable qui fouettait un esclave : pour prix de son audace, c'est lui qui reçut le fouet.*

Il se précipita auprès de sa mère pour être consolé : "Tu sauras mon fils, que tu as beau être le fils d'un blanc, tu es aussi et surtout le fils d'une esclave !" »

Dès son enfance, son père chercha à lui donner la meilleure éducation possible : bonnes manières, escrime, musique, chasse synonyme d'équitation et de tir... Pendant ses années de jeunesse, il sera marqué par les conditions de vie draconiennes faites aux esclaves et par les rythmes musicaux des Antilles.

Quand son père décide de rentrer en France avec l'enfant et sa mère, constatant l'impossibilité de lui transmettre ses titres nobiliaires, il le baptise *chevalier Saint-George.*

Portrait de Monsieur de Saint-George, peint par Brown, gravé par Word.

À Paris, il le met entre les mains des meilleurs professeurs de la capitale : le *chevalier Dugast,* au manège des Tuileries fréquenté par la fine fleur de la noblesse pour l'équitation ; *Monsieur Texier de la Boëssière, Maître en fait d'armes des Académies royales* pour l'escrime ; *Jean-Marie Leclair* pour la musique ; *François-Joseph Gossec* pour la composition.

En quelques années, il excelle dans tous ces domaines et acquiert une réputation qui lui ouvre les portes de la haute société. En musique, ses talents de violoniste et ses compositions musicales lui valent d'être nommé premier violon du concert des Amateurs puis directeur de cet orchestre pendant sept ans. Il joue à Versailles devant Marie-Antoinette qui apprécie sa musique et en fait son Maître de musique ! Il devient « *le meilleur escrimeur de France* », fait la connaissance du duc d'Orléans qui l'emmène « tirer » dans la salle la plus huppée de Londres : celle du *M*e *Angelo ;* en présence du prince de Galles, il fait un assaut mémorable contre la chevalière d'Éon : il est au sommet de ses compétences, adulé à Paris comme à Londres. Mais il ne renie pas ses origines et doit supporter bien des réflexions racistes ; sa valeur reconnue à l'épée freine les ardeurs de ses détracteurs, mais ne l'empêche pas de recevoir un refus cinglant lorsqu'il envisage de se marier avec une jeune noble. Après des années de gloire, il partage les idées de la Révolution mais n'en sera pas récompensé : il est jeté en prison, échappe de peu à la guillotine et meurt quasi ignoré en 1799.

Une destinée hors du commun : sa musique, beaucoup mieux connue que celle de Mozart en cette fin du XVIIIe siècle, sera effacée des mémoires quand Napoléon, en 1802, rétablira l'esclavage. Il aura fallu attendre ces dernières années pour que Saint-George ressurgisse de l'oubli, qu'une rue de Paris porte son nom en remplacement de celui d'un général de Bonaparte de sinistre mémoire en Guadeloupe et que sa musique soit à nouveau appréciée à sa juste valeur, au-delà du cercle restreint de quelques rares musiciens et escrimeurs, en métropole et aux Antilles

Charles-Geneviève-Louise-Auguste-Andrée-Timothée d'Éon de Beaumont

Le recours fréquent à son nom dans les grilles de mots croisés vaut au chevalier d'Éon une notoriété vivace auprès de tous les publics. Né le 5 octobre 1728 à Tonnerre (Yonne) il fit de brillantes études de droit et fut reçu docteur en Droit civil et Droit canon puis avocat au Parlement de Paris. Il associe l'étude de la politique avec celle des belles lettres et publie, encore jeune, plusieurs ouvrages.

Il a une autre passion, celle des armes. Il passe volontiers de son cabinet à la salle d'armes où il acquiert rapidement une solide renommée. Avec quelques amis, il est invité à un bal masqué à Versailles où, par jeu, on lui fait porter, pour la première fois, des habits de femme... qui lui vont à merveille... et attirent l'attention de Louis XV.

Quelques ouvrages évoquant le chevalier Saint-George

1840 : Roger de Beauvoir ; 1923 : La Laurencie (Histoire de la Musique) ; 1972 : Odet Denys ; 1999 : Alain Guédé, principal responsable de cette résurrection ; 2004 : Claude Ribbe ; 2005 : Daniel Marciano ; 2006 : Pierre Bardin.

En 1755, après quinze ans de brouille entre les cours de France et de Russie, Louis XV souhaite une réconciliation. Le prince de Conti propose au roi d'utiliser ce jeune juriste auprès de la cour de Russie avec des instructions secrètes : il devra y apparaître sous les traits d'une jeune fille, *Lia de Beaumont,* allant faire un pèlerinage dans un couvent. Elle doit remettre une lettre manuscrite du roi à la *tzarine Elizabeth* qui est donc seule à connaître la véritable identité de « *la jeune fille* ». La compréhension est complète entre les deux « femmes » et, quelques mois plus tard, la tzarine remet à « *Lia* » une lettre manuscrite pour « *son bon Frère Louis XV* ». C'est avec regret qu'elle *la* voit repartir pour Paris où *elle* va rapporter à Louis XV l'état des négociations sur la réunion des deux cours.

Portrait du chevalier d'Éon en colonel des Dragons.

Louis XV lui témoigne toute sa satisfaction pour le beau travail qu'« *elle* » a accompli : il la renvoie à St-Pétersbourg avec une nouvelle identité : *elle* sera *le Chevalier d'Éon,* frère de Lia de Beaumont, secrétaire de l'ambassade de France. Il y restera cinq ans, mystifiant toute la cour par sa ressemblance frappante avec sa sœur Lia, chargé de la correspondance secrète entre Louis XV et Elizabeth. D'Éon prendra une part importante dans ce renversement des alliances et le rapprochement entre la France et la Russie.

En 1757 il part pour Vienne avec les plans de campagne de l'armée russe, et en repart pour Paris informer Louis XV de la situation ; il se casse une jambe en route mais réussit à présenter ses « *Mémoires* » sur la situation de la Russie.

Le roi le nomme *Lieutenant de Dragons* ; sa réussite en fait rapidement la coqueluche du Tout-Paris et, dès qu'il peut marcher à nouveau, il est en mesure d'accepter toutes les invitations qui lui sont faites. Il est nommé *Capitaine de Dragons* et, en 1760, une pension de 2 000 livres sur le Trésor royal lui est attribuée.

En plus de ses succès dans la diplomatie, le Chevalier rêve de gloire militaire : il est comblé par des victoires dans plusieurs campagnes en 1760 et 1761.

Un nouvel ambassadeur est nommé à Londres : on lui adjoint le chevalier d'Éon comme secrétaire d'ambassade, il y est apprécié et à Paris il reçoit la croix de Saint-Louis qu'il portera jusqu'à sa mort. Il continue sa correspondance secrète avec Louis XV et passe 14 ans à Londres où il n'accepte pas la nationalité anglaise qui lui est proposée. Il est nommé officiellement ambassadeur de France à Londres, ministre plénipotentiaire ; à ce titre, il organise de fastueuses réceptions qui mettent à mal sa trésorerie personnelle et l'obligent à demander des secours à Paris.

En 1763 paraît à Londres un des plus beaux livres jamais écrit sur l'escrime, orné de très belles illustrations, écrit par le maître *Angelo* : on sait que le *chevalier d'Éon* participa à l'élaboration de ce livre, sa compétence dans le domaine des armes étant reconnue aussi bien à Paris qu'à Londres.

La marquise de Pompadour, jalouse de l'influence de d'Éon sur le roi, fait nommer un nouvel ambassadeur à Londres, le comte de Guerchy, ennemi personnel de d'Éon dont la situation devient alors difficile car sa pension est supprimée. Il se console en écrivant et en fréquentant assidûment les salles d'armes de Londres. Des bruits malveillants circulent sur son compte à Londres : est-il homme ou femme ? Des paris insensés sont pris selon l'habitude anglaise ; il fait savoir qu'il corrigera, par l'épée, tous ceux qui oseraient chercher une réponse à cette question.

Quand Louis XV meurt en 1774, Louis XVI apprend les activités secrètes de d'Éon et découvre que l'espion de son grand-père Louis XV détient des papiers très compromettants. Il lui envoie un émissaire, Caron de Beaumarchais, l'auteur du *Barbier de Séville* et

du *Mariage de Figaro*. En échange des documents et de la promesse de ne jamais rien divulguer de ses activités secrètes, il lui propose de revenir en France en reconnaissant qu'il est une femme et de consentir à s'habiller en conséquence.

Assaut mettant aux prises d'Éon et Saint-George, Londres, 1787.

En août 1777, d'Éon rentre en France, revêtu de son uniforme de colonel de Dragons, mais à Versailles on lui donne l'ordre de se vêtir dorénavant en femme. Louis XVI lui écrit : *« pour remplacer votre épée, je vous arme d'un éventail et vous fais chevalière »* et lui offre un trousseau complet à commander chez la couturière de la reine, la célèbre *Rose Bertin*. Il reviendra dans sa ville natale pendant quelques années et aura l'autorisation royale de repartir en 1785 pour Londres, toujours habillé en femme, régler ses affaires personnelles. La « dot » royale lui permet de mener grand train à Londres où il reçoit, et est reçu, dans les meilleures maisons, mais le pécule s'épuise et il est obligé de constater que seule son épée peut le sauver !

Son ami, le maître *Angelo*, responsable de la plus célèbre salle d'armes de Londres, lui propose d'organiser des galas entre « *la chevalière* » et les meilleurs escrimeurs... avec, évidemment, des places payantes pour assister au spectacle. Il a d'autre part repris les échecs où il excellait autrefois et il a même battu le meilleur joueur du temps, Philidor. Il est devenu l'ami du prince de Galles, fine lame lui aussi. Mais Londres est en émoi en ce mois d'avril 1787 : le *chevalier Saint-George* y réside et Angelo propose une « rencontre » entre les deux plus grands escrimeurs de l'époque. Les places se vendent à prix d'or, le *prince de Galles* est prié de présider. *Saint-George* est surpris de se trouver en face d'une personne enjuponnée nettement plus âgée que lui... On ne sait s'il mit un frein à sa fougue naturelle, toujours est-il que les gazettes donnèrent la victoire à *la Chevalière* qui prit son adversaire dans ses bras à la fin de l'assaut. D'Éon a dû puiser dans ses ressources pour vaincre son jeune et talentueux adversaire, il est épuisé mais accepte pourtant un contrat avec *Angelo* pour une exhibition quotidienne.

En France, la Révolution a rompu les liens que d'Éon avait encore avec le roi... et mis un terme à la pension irrégulière qu'il en recevait. Sa situation empire encore et d'Éon est contraint de vendre ses biens, dont une bibliothèque exceptionnelle de 5 000 volumes, ses armes, ses meubles : grandeur et décadence. La Convention l'a classé comme émigré : ses biens de Tonnerre sont saisis. Pour survivre, il reprend son épée et participe, malgré son âge, à des assauts dont il sort régulièrement vainqueur, faisant l'admiration de tous ses adversaires d'un jour.

Plusieurs dizaines d'ouvrages ont été consacrés au chevalier d'Éon, parmi les principaux :

1779 : De la Fortelle ; 1866 : Gaillardet ; 1900 : Homberg ; 1901 : Letainturier-Fradin ; 1934 : Brousson ; 1945 : Pinsseau ; 1983 : Pikoul ; 1998 : P. Mourouzy.

Un soir, la lame de son adversaire se casse et le blesse profondément à la poitrine : il reste immobilisé plusieurs mois ; il remplace les assauts d'escrime par des cours de français. Le 21 mai 1810, il s'éteint après des mois de misère. Un médecin légiste procédera à son autopsie qui confirmera que la *chevalière d'Éon* était bien un homme et non pas un hermaphrodite comme l'avaient pensé tous ceux qui ne lui avaient connu aucune liaison féminine.

Le masque d'escrime :
de la fin du XVIIIe siècle à nos jours

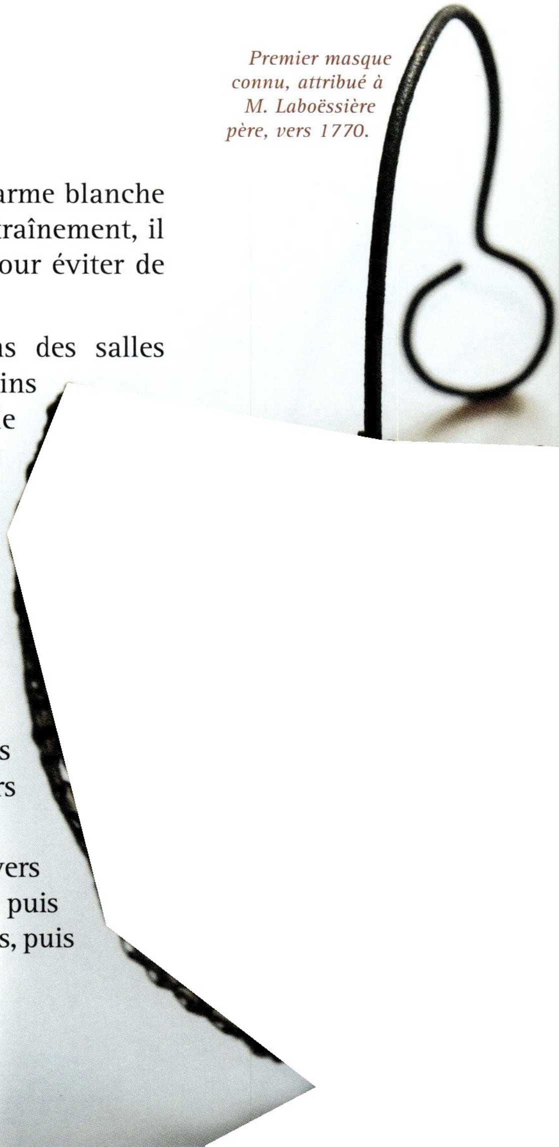

Premier masque connu, attribué à M. Laboëssière père, vers 1770.

Pendant des siècles, l'apprentissage de l'arme blanche s'est effectué avec le visage à découvert. À l'entraînement, il était de bon ton de ne pas « tirer » trop haut pour éviter de blesser son partenaire/adversaire.

Vers 1760, plusieurs accidents eurent lieu dans des salles d'armes : des maîtres furent blessés à l'œil, certains gravement, par des élèves maladroits. Cela incita le maître Laboëssière père, celui qui forma le célèbre chevalier Saint-George, à se pencher sur la question : vers 1770, il créa une simple protection en grillage à poser devant le visage, un fil de fer se terminant pas un petit cercle s'accrochant à l'arrière du crâne : certains puristes s'indignèrent : si le visage était protégé, cela pouvait inciter les tireurs à prendre des risques inconsidérés…

Très vite pourtant, il fut adopté par tous, maîtres et élèves, même si quelques rares maîtres, de nos jours encore, donnent parfois la leçon sans masque.

Le modèle original se perfectionna lentement : vers 1820 apparut un léger renfort métallique sur le front, puis deux panneaux de grillage supplémentaires sur les joues, puis

Masque de sabre de l'armée russe, vers 1850.

encore un petit coussinet protège-nuque enserré à l'extrémité postérieure des deux fils métalliques (remplaçant le fil unique du modèle précédent).

Le grillage évolua lui aussi : jusque vers le milieu du XIXe siècle, il était constitué par un fil de fer doublement torsadé créant, quand on l'examine, de petits intervalles de forme hexagonale. Par la suite, le grillage fut « tissé », avec *trame* et *chaîne* classiques – là, les petits intervalles sont carrés ou rectangulaires –, la fabrication s'en trouva grandement facilitée.

Lorsque les « assauts courtois » en salle débouchèrent, à la fin du XIXe, sur des assauts sportifs, les tireurs devinrent évidemment plus agressifs ; le risque augmenta donc. C'est ainsi que certains protégèrent leur gorge par une « *bavette* » artisanale fabriquée par le bourrelier du coin ; on peut situer cette innovation vers 1905-1910. Les fabricants s'adaptèrent à la demande : une première bavette en simple toile à voile apparut, améliorée, agrandie et capitonnée, jusqu'à celle fabriquée actuellement.

C'est vers cette époque que les trois éléments distincts du grillage de protection – le front et les joues *cousus* entre eux par un léger fil de fer – furent remplacés par un élément unique. La résistance de la toile grillagée s'améliora aussi : sur les masques anciens, une forte pression du pouce permet un très léger enfoncement, c'est totalement impossible sur les masques actuels.

En 1905, le maître Cléry père créa le bourrelet Cléry-École de Saumur. Ce bourrelet capitonné permettait de transformer, à la demande, un simple masque de fleuret/épée en un masque de « *contre-pointe* », c'est-à-dire de sabre.

En 1910, la Maison Souzy fit breveter un nouveau masque baptisé « Le rationnel » : constitué « *d'une tôle de 1 mm, emboutie et perforée à 2 mm, les trous distants de 3 mm* ». Le succès espéré ne fut pas au rendez-vous : il s'en vendit sans doute bien peu car il est quasiment introuvable de nos jours.

Le masque moderne assure une protection et un confort infiniment plus grands que ses devanciers : le grillage est plus solide, la bavette plus épaisse, les rembourrages intérieurs bloquent mieux la tête, une languette avec « grip » l'empêche de glisser. Pour les non-escrimeurs, précisons qu'il ne gêne en rien la visibilité qui reste parfaite après une courte période d'adaptation.

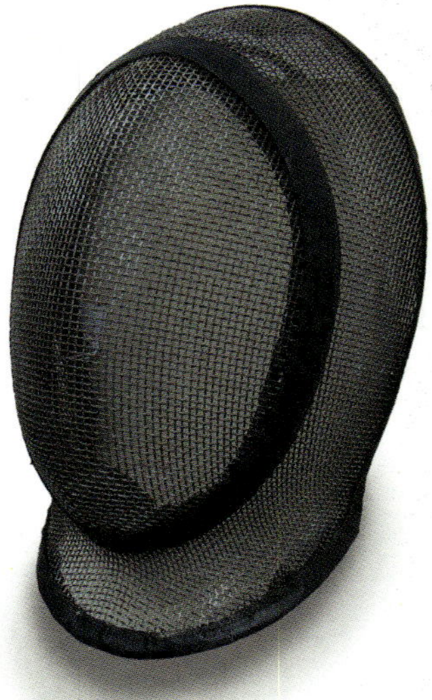

Masque tout grillage avec bavette, vers 1900.

On a vu que la bavette, d'abord artisanale puis industrielle, a été fabriquée à partir de 1905-1910 ; le masque ci-contre constitué d'un grillage classique comporte une bavette incorporée en une seule pièce avec le grillage et couvre le cou sur une hauteur de 5-6 centimètres.

À côté des masques classiques de fleuret/épée, apparurent dès le XIXe des masques militaires pour l'apprentissage du sabre, arme purement militaire munie d'une lame large, lourde et tranchante utilisée par les différents corps de troupe à cheval. Une protection constituée de fils métalliques plus ou moins imposante coiffait le masque pour se protéger des coups puissants donnés par l'adversaire. Pour les duels entre officiers c'est le même genre de sabre de combat qui était utilisé, donc les mêmes masques pour l'entraînement.

Modèle de masque utilisé aux J.O. de 1896.

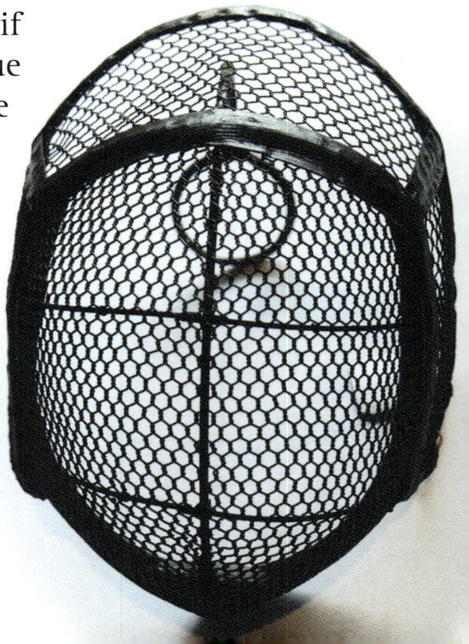

Lorsque après la guerre de 1914, les combats et les duels au sabre furent passés de mode, il ne subsista plus que le sabre sportif (500 grammes). Le masque évolua donc, la garniture métallique disparut et fut remplacée par une protection extérieure et intérieure en cuir épais permettant de se garantir des coups de tranchant.

À la fin du XIXe, la *canne* fut un accessoire indispensable pour celui qui voulait suivre la mode et, au besoin, se défendre contre les « apaches ». Dans les salles d'armes, des cours spéciaux étaient donnés pour lesquels furent créés les masques de canne et de bâton. Sur la base d'un grillage classique, plus fort et à mailles plus larges, on montait une garniture en cuir, très rembourrée, sur le front et les oreilles pour se protéger.

Pendant tout le XIXe siècle, le duel se déroulait parfois au pistolet. Pour l'entraînement, on créa un masque spécial : sur la base d'un masque d'escrime classique, on fixa au niveau des yeux une plaque de verre de 2 cm d'épaisseur ; d'environ 10 cm sur 6, elle permettait de voir l'adversaire et résistait à l'impact des fausses balles utilisées. Il est évident que, pour le duel, le visage était à découvert ainsi que la chemise ouverte pour montrer qu'on ne portait pas ce qu'on appellerait aujourd'hui un gilet pare-balles.

Le masque à visière transparente que l'on peut voir dans les compétitions modernes, surtout au sabre, est le descendant (très amélioré) d'un masque conçu dans les années 1900 pour l'entraînement du duel au pistolet qui avait été abandonné.

Nous avons aussi inventorié un masque d'origine inconnue, sans aucun moyen de fixation sur la tête, le grillage est remplacé par de très fins fils métalliques verticaux qui protègent (un peu) le visage. Une seule utilisation semble possible : il doit être tenu entre le pouce et l'index de la main gauche devant le visage pendant que la main droite permet de « s'escrimer » !

Masque pour l'entraînement du duel au pistolet.

Dans les universités allemandes, au XIXe siècle, le duel était très en vogue. Il ne s'agissait pas de régler un différend entre deux individus comme en France, mais d'un rituel initiatique avec des « Mensur » qui consistait à prendre le risque d'une blessure sur le visage : la cicatrice était alors très valorisante car elle témoignait du courage de celui qui l'arborait. Seul le visage était « zone valable » ; tout déplacement ou simple esquive était interdit : pour l'apprentissage, de gros masques métalliques étaient utilisés ; pendant le duel, seuls les yeux étaient protégés par de petites lunettes.

Les masques utilisés pour l'entraînement étaient donc très solides, sans bavette (seul le visage était visé) mais avec un grillage puissant pour se protéger des coups de la Mensur.

Les paires d'épées de duel :
conséquence de 1789

Sous l'Ancien Régime, pendant des siècles, l'un des principaux privilèges de la noblesse consistait à avoir le droit de porter l'arme au côté, donc à dégainer pour la moindre cause.

La Révolution supprima tous les privilèges, y compris celui du port d'armes, faisant ainsi de l'épée le symbole de l'Égalité entre les citoyens. Mais ce n'est pas pour autant que cessèrent les duels ; certes, ils se raréfièrent dans les premières années de la Révolution mais reprirent de plus belle sous l'Empire et surtout à la chute de celui-ci. Les soldats de Napoléon, les *demi-soldes*, avaient la nostalgie des combats de l'époque glorieuse mais leurs sabres et leurs épées étaient devenus inutiles, sauf pour se battre contre les royalistes : les duels étaient donc extrêmement fréquents... bien que toujours officiellement interdits.

Souvenons-nous du film *Les Duellistes* réalisé par Ridley Scott en 1977, d'après le roman de Joseph Conrad, lui-même inspiré d'un fait divers authentique : le duel commencé en 1794 entre deux

Bronze signé Mayer, 1887, scène de duel.

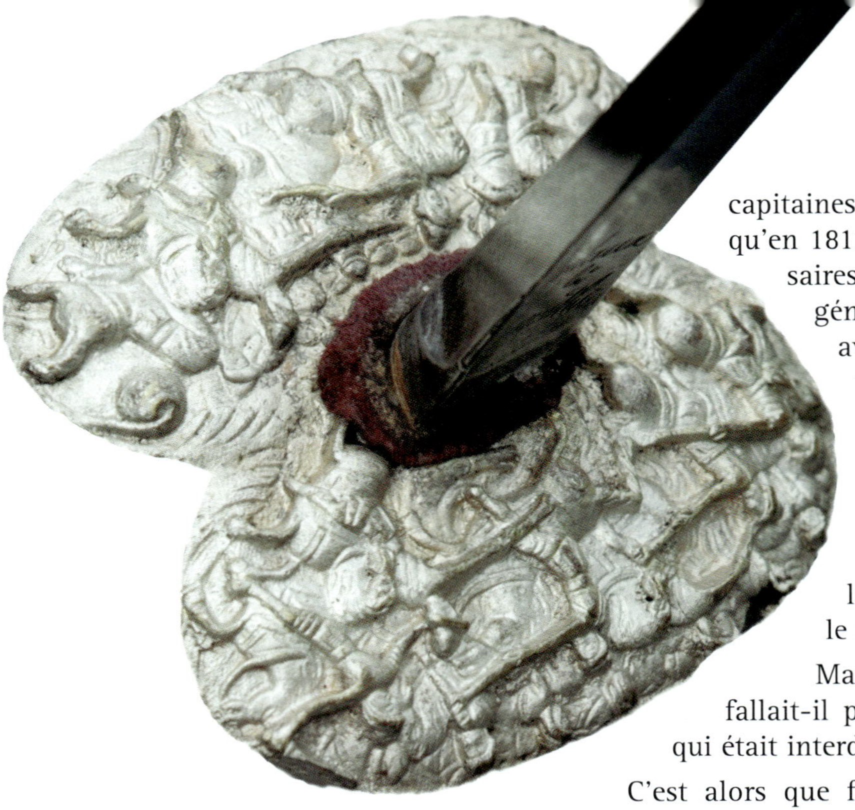

capitaines qui se prolongea jusqu'en 1813 entre les deux adversaires, devenus entre-temps généraux de Napoléon. Ils avaient souscrit un contrat qui stipulait qu'ils se rencontreraient les armes à la main chaque fois que leurs garnisons seraient distantes de moins de 30 lieues et qu'ils auraient le même grade.

Mais pour se battre, encore fallait-il posséder une arme... ce qui était interdit !

C'est alors que fut décidée la création d'une arme nouvelle : l'épée de duel, fabriquée par paires rigoureusement identiques pour assurer l'égalité des chances. La poignée permettait une préhension aussi bien pour les droitiers que pour les gauchers, toujours dans un souci d'égalité – rappelons que comme pour l'écriture, jusqu'au début du XXe siècle, l'épée et la plume s'apprenaient avec la main droite, mais il y avait quand même quelques irréductibles gauchers dont il fallait tenir compte.

Modalités du duel prévues par le contrat préparé par les quatre témoins

- choix des armes par l'offensé ;
- recherche d'un directeur de combat compétent et agréé par les deux adversaires ;
- durée des reprise et des temps de repos ;
- utilisation du terrain ;
- arrêt au premier sang ou non selon la gravité de l'offense ;
- possibilité donnée, ou non, aux deux médecins d'intervenir si nécessaire.

Ces duels se déroulaient selon des règles bien précises : le directeur du combat avait acheté les armes et les avait apportées sur le terrain ; en présence des quatre témoins et des deux médecins, il les tirait au sort entre les adversaires.

Si l'une des pointes touchait le sol, le combat était arrêté et un coton imbibé de désinfectant nettoyait la pointe salie !

À peu de chose près, les *gardes* ressemblaient à celles d'aujourd'hui : non décentrées, diamètre 12 cm ; les *poignées*, ficelles ou cuir, étaient en revanche plus longues, 16 ou 17 cm. Les épées étaient rivetées jusqu'à la découverte des armes démontables filetées, au début du XXe siècle.

Le degré de finition des épées traduisait le niveau social des duellistes : elles pouvaient être toutes simples ou au contraire très élaborées avec une *garde* damasquinée, *lames* et *pommeaux* décorés, *poignées* en cuir ou velours avec filigrane. Dans certains cas précis, par exemple un directeur de journal ayant « gagné » son duel, on pouvait faire fabriquer une paire d'épées spéciales avec, gravés sur la lame, la date du duel et le nom du duelliste, le tout offert par ses amis.

Ces épées exceptionnelles permettant de reconstituer les circonstances du duel sont évidemment très rares : en général, elles sont muettes et il est impossible de savoir si ces lames ont été tachées de sang.

Il existe toute une littérature sur le cérémonial du duel au XIXe siècle, le principal ouvrage étant *Essai sur le Duel*, par le comte de Chateauvillard en 1836.

Une première édition, « *offerte par l'auteur* », fut expédiée « *à tous les pairs de France* » et aux principales personnalités de l'escrime : elle comportait un certain nombre de pages blanches sur lesquelles les destinataires étaient invités à noter leurs observations. Tenant compte de celles-ci, l'édition définitive de 488 pages parut la même année, témoignant de l'importance considérable accordée au duel dans la société française.

Traduit en plusieurs langues, ce texte fit autorité auprès des témoins pour régler les conditions du duel… jusqu'à nos jours.

Paire d'épées de duel dont les lames portent la signature Coulaux Kligenthal.

Il faisait encore référence pour régler les deux derniers duels connus et qui défrayèrent la chronique.

En 1958, un duel opposa deux personnalités marquantes du monde de la danse : le marquis de Cuevas – alerte septuagénaire, organisateur de galas de danse – et Serge Lifar – danseur très connu, maître à l'Opéra de Paris.

Une sombre histoire de droits d'auteur pour un ballet amena le marquis, pendant l'entr'acte d'une représentation à l'Opéra, à souffleter Serge Lifar qui manifesta son intention d'envoyer ses témoins au marquis.

Pour les leçons à donner aux deux spécialistes de l'entrechat et des pointes, on fit appel à deux maîtres d'armes particulièrement compétents dans le domaine du spectacle : Me Claude Carliez pour le cinéma, et Me Pierre Lacaze pour le théâtre.

La direction du combat avait été confiée à un international de sabre, Jean-François Tournon, qui avait décidé, en accord avec les témoins l'« arrêt au premier sang ».

Paire d'épées de duel.

Tout le groupe, tireurs, témoins, médecins et autres réussirent à semer la police – mais pas les journalistes – et à se retrouver dans une propriété privée, près de Vernon.

Après quelques reprises d'observation, le médecin propose l'arrêt du duel en invoquant l'âge du marquis qui refuse. Quelques instants plus tard, sur une attaque du marquis, quelques gouttes de sang apparaissent sur le bras de Serge Lifar ; c'est suffisant pour qu'il soit mis fin au combat malgré l'insignifiance de la blessure : sous l'émotion, le marquis est prêt à s'évanouir avant de tomber dans les bras de son adversaire pour une réconciliation spectaculaire.

C'est à ce moment-là seulement que la police arrive... et décide de ne pas poursuivre les deux duellistes.

Bien des années plus tard, J.-F. Tournon racontera à un ami sa participation à ce duel :

« Sais-tu ce que cela m'a rapporté, dit-il.

– Une invitation à dîner, par les deux adversaires réconciliés, lui répond son ami.

– Non : une convocation à la police pour non-assistance à personne en danger ! »

1967 : c'est dans l'hémicycle de l'Assemblée nationale que se produit le différend qui va conduire au dernier duel connu.

En pleine séance, M. Gaston Defferre, maire de Marseille, député socialiste et futur ministre de l'Intérieur, s'adresse à M. René Ribière, député du Val-d'Oise en lui criant : « Taisez-vous abruti ! »

Quelques députés influents tentent de calmer le jeu en proposant à Gaston Defferre de retirer le mot injurieux ; il refuse avec véhémence : « Pourquoi ? Parce que c'est la vérité ! »

René Ribière envoie alors ses témoins. Le rôle délicat de directeur du combat échoit à Jean de Lipkovski, ancien secrétaire d'État aux Affaires étrangères. Le groupe, composé selon le rituel, se retrouve dans une propriété de Neuilly après avoir difficilement semé la police... mais, encore une fois, pas les journalistes. Quand le directeur de combat prononce la formule : « Messieurs êtes-vous prêts », des témoins affirmeront, plus tard, avoir entendu M. Ribière dire : « Oui, beaucoup trop près ! »

Après quelques minutes d'assaut, René Ribière est touché au bras, mais l'estafilade est si insignifiante que les médecins jugent qu'elle ne justifie pas l'arrêt du combat. Gaston Defferre repart à l'attaque avec fougue et touche à nouveau son adversaire : petite blessure au bras jugée tout à fait conforme aux règles de l'honneur : le duel cesse.

Fait assez rare dans les annales du duel : les adversaires refusent la réconciliation.

Le duel militaire obligatoire dans l'armée française au XIXe siècle

Duel militaire sur les glacis par Marius Roy, fin XIX*e*.

Un des plus funestes préjugés dans l'armée a toujours été celui par lequel un militaire se croit obligé de tirer vengeance de la plus légère offense, sous peine de passer pour *lâche* : on se bat pour un mot, pour un geste, pour un simple regard, au besoin pour le simple motif de mesurer son courage, même contre un bon camarade contre lequel on n'a aucun grief. Il semble que pendant longtemps ce fut une manie attachée à l'uniforme ; il était courant de penser qu'on ne pouvait acquérir la réputation de bon soldat que si l'on avait eu une ou deux affaires après quelques mois de service !

Quand une querelle survenait entre deux soldats, deux sous-officiers, ou même deux officiers, souvent pour une cause bien futile, un rapport était établi et arrivait sur le bureau du colonel du régiment. Celui-ci concluait généralement à « *une descente sur le terrain* », c'est-à-dire à un duel à fleurets non mouchetés ou éventuellement au sabre selon l'arme et le grade des adversaires. Si ceux-ci refusaient de se battre, ils étaient mis en prison pour une durée indéterminée. Le duel était organisé dès le lendemain matin, les adversaires torse nu sous les ordres du maître d'armes assisté par deux témoins ; l'arrêt au premier sang n'était pas systématique,

Dans le manège, avant le duel militaire, par Marius Roy, fin XIXe.

mais seulement ordonné dans le cas où la blessure était estimée « *assez grave pour nécessiter au moins six mois d'hospitalisation* ». Après guérison, le blessé était condamné à une *certaine* période de prison pour avoir « *eu la maladresse de se laisser blesser* ».

Un rapport publié en 1876 cite quelques chiffres effrayants : il y aurait en moyenne 10 000 duels par an dans l'armée dont la moitié imposés par les chefs de corps ; dans les 295 régiments que compte alors l'armée française, on enregistre de 30 à 50 duels par an dans chaque régiment.

Quant aux morts et aux blessés, il semble qu'on ait soigneusement évité de les enregistrer. Ce n'est que dans les dernières années du XIXe siècle que le duel au fleuret démoucheté fut enfin interdit et remplacé par le duel à l'épée : la garde nettement plus grande permettait de réduire un peu les risques.

Un duel militaire original et méconnu : le maître Jean-Louis face à Giacomo Ferrari

Duel militaire hors de la caserne, d'après Horace Vernet, début XIXe.

En 1814, l'armée française campe sous les murs de Madrid : elle compte dans ses rangs des régiments constitués par des soldats incorporés de gré ou de force, originaires des pays vaincus par Napoléon, des Italiens en particulier. Mais l'Empire chancelle, les relations s'enveniment et des querelles plus ou moins graves se multiplient entre Français et Italiens.

La discipline exige une réparation éclatante : les autorités décident que ce sont les maîtres d'armes et les prévôts (quinze de chaque côté) qui se battront en duel pour vider honorablement la querelle.

Le premier Maître français, Jean-Louis, un mulâtre des Antilles, est opposé au premier Maître italien Giacomo Ferrari ; après quelques minutes d'assaut, Jean-Louis tue son adversaire ; deux minutes de repos, puis se présente le deuxième italien qui subit rapidement le même sort ; les numéros 3, 4 puis tous les autres Italiens sont tués ou blessés par Jean-Louis, jusqu'au numéro 13. Le général arrête alors le massacre mais il faut maîtriser le français qui veut achever la besogne entreprise !... D'après les témoins, la réconciliation franco-italienne aurait été complète*.

De nos jours et dans le domaine purement sportif, malgré une *estime* et un *respect* évidents entre les escrimeurs français et italiens, il doit bien rester quelque chose de cet épisode historique sanglant quand on voit avec quelle farouche volonté de vaincre se déroulent les compétitions entre les équipes de France et d'Italie, chacune de ces deux nations revendiquant la suprématie mondiale.

*Pour plus de détails, voir Vigeant, « Un maître d'armes sous la Restauration », 1883.

La défaite de 1870 : ses conséquences sur l'escrime

Division d'escrime de l'école de Joinville.

Quelle peut bien être la relation entre l'escrime sportive telle que nous la concevons aujourd'hui et la défaite historique subie par la France face à la Prusse en 1870 ?

Elle ne semble pas évidente… et pourtant.

En 1870, l'armée française capitule à Sedan, le Second Empire de Napoléon III s'effondre, les deux provinces françaises, l'Alsace et la Lorraine, passent sous domination allemande et le resteront jusqu'en 1918 ; c'est l'Histoire de France, celle qui s'écrit avec un H majuscule. Le 4 septembre 1871, la Troisième République est proclamée ; toujours l'Histoire.

Le traumatisme de la défaite a été durement ressenti par tous, en particulier par l'armée atteinte dans son moral : comment redresser la situation ? La solution trouvée peut prêter à sourire aujourd'hui mais elle a concerné des milliers de nos anciens pendant près de 40 ans ! Dès 1872, la République française a décrété que l'enseignement de l'escrime serait obligatoire dans l'armée : pour cela on a installé, au sein de l'École supérieure d'éducation physique de Joinville-le-Pont, créée en 1852, une division d'escrime. Les cours durent trois ans et s'adressent à des volontaires recrutés parmi les appelés les plus aptes dans les régiments. Leur nombre est supérieur au quota fixé par le ministre.

Manuel du ministère de la Guerre de 1877 et 1908.

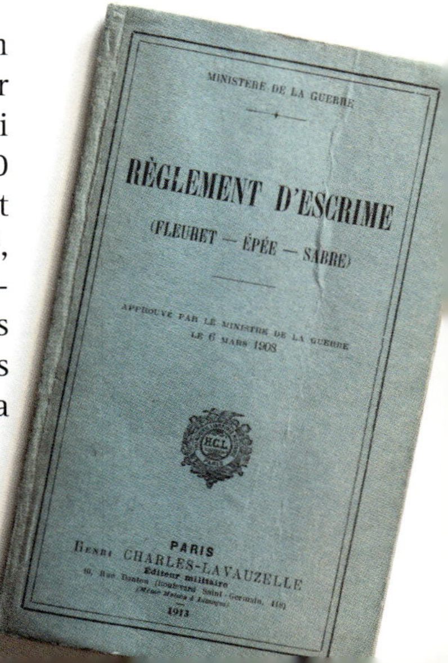

Après un mois de stage d'admission, ils subissent un premier examen qui permet de revenir au quota ministériel.

À la fin de la première année, examen et élimination des moins bons ; même chose à la fin de la deuxième année : il ne reste plus que les meilleurs en 3e année qui subissent un examen final pour le Brevet de maître d'escrime, moniteur d'éducation physique. Cette émulation permanente donne d'excellents résultats... et de très excellents maîtres qui font la renommée, en France et à l'étranger, de l'escrime française.

Ceux qui se sont arrêtés en route peuvent obtenir un brevet de prévôt : dans chaque régiment ils sont les assistants du Maître principal, véritables répétiteurs de la bible que représente le *Manuel d'escrime du ministère de la Guerre de 1877.*

De très nombreux brevets de prévôt ont été décernés : le titulaire recevait un petit parchemin et il lui appartenait d'acheter l'encadrement (grand bristol coloré de 60 x 80 cm) sur lequel on peut lire des affirmations péremptoires : *Honneur aux Armes, Gloire à la France, Respect aux Maîtres, Courage, Prudence, Fidélité au drapeau, Force, Agilité, Gloire à Dieu, Vaincre ou mourir...*

Mais l'enseignement se passe essentiellement au fleuret, un peu aussi au sabre. Le but était de redonner du « tonus » aux jeunes soldats : en filigrane apparaissait le but ultime, reconquérir l'Alsace et la Lorraine... avec des fleurets ! Dans tous les ouvrages édités pendant cette période, pour la plupart par des maîtres d'armes ou des officiers, on devine cette obsession dans laquelle l'escrime fait bien sûr figure de moyen et non de but en soi.

Ce n'est que plus tard, un peu avant 1900, que l'escrime deviendra peu à peu sportive.

Beaucoup de ceux qui allaient devenir de Grands Maîtres sont passés par l'École de Joinville et ont transmis à leurs suivants les principes rigoureux qu'ils y avaient appris.

En 1940, l'enseignement de l'escrime est totalement désorganisé, comme dans bien d'autres domaines ; Joinville ferme ses portes.

Dès 1941, l'armée décide de recréer une école de formation des Maîtres intégrée à l'École d'instruction militaire sportive de Pau.

En 1944 est créée une école d'escrime civile à Bordeaux.

En décembre 1944, l'école de Pau est transférée à Antibes où elle devient l'École militaire d'escrime et de sports de combat (E.M.E.S.C.) dirigée par le maître Raoul Cléry. Succédant à cette école, c'est à Fontainebleau que fut recréée l'E.I.S., l'École interarmes des sports, sous la direction du Maître Thirioux en septembre 1968. Les meilleurs espoirs sportifs, tous sports confondus, constituèrent le fameux Bataillon de Joinville annexé à la formation des Maîtres. Quant à l'École civile de Bordeaux, elle reprend vie dans le bois de Vincennes, à Paris dès 1945, sous la direction du Maître Battesti : ce sera l'I.N.S. (Institut national des sports) puis ensuite l'E.N.S.E.P. (École normale supérieure d'éducation physique). L'esprit ancestral de l'École de Joinville a été transmis de génération en génération dans ces différentes écoles de formation, qu'elles soient militaires ou civiles.

Chromo publicitaire de l'école de Joinville.

Notre escrime d'aujourd'hui est la résultante de cette décision étonnante de 1872 : rendre l'enseignement de l'escrime obligatoire dans l'armée française.

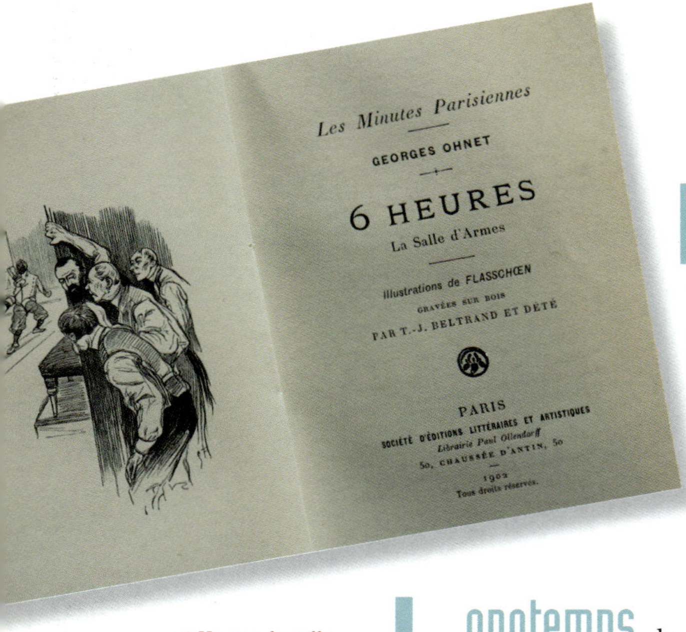

Les Minutes Parisiennes

GEORGES OHNET

6 HEURES

La Salle d'Armes

Illustrations de FLASSCHŒN

GRAVÉES SUR BOIS

PAR T.-J. BELTRAND ET DÉTÉ

PARIS

SOCIÉTÉ D'ÉDITIONS LITTÉRAIRES ET ARTISTIQUES

Librairie Paul Ollendorff

50, CHAUSSÉE D'ANTIN, 50

1902

Tous droits réservés.

6 Heures, la salle d'armes, *par Ohnet.*

L'escrime dans les cercles aristocratiques et bourgeois au XIXe siècle

Longtemps, la pratique de l'escrime a été l'apanage d'une certaine classe, la noblesse, qui se devait de pratiquer « l'art des armes » car, un jour ou l'autre, elle aurait à mettre en pratique ce qu'elle avait appris en salle, soit à la guerre, soit en duel.

Avec le XIXe siècle et la suppression des privilèges, une nouvelle « clientèle » de bourgeois fortunés, écrivains, journalistes ou hommes politiques s'offrit le luxe de fréquenter les salles d'armes : cela pouvait toujours être utile car le duel n'avait pas disparu.

En 1835, un historien du duel, *Fougeroux de Campigneulles,* écrit : « *en pénétrant dans le vieil arsenal de la féodalité, le tiers état y a trouvé, parmi les dépouilles des vaincus, l'épée de duel : il s'en est saisi par droit de conquête et, dans son triomphe, il a éprouvé une joie d'enfant à manier cette arme dont l'utilisation lui avait été interdite jusque-là* ».

En 1863, Cauchy ajoutera : « *après être monté jusqu'aux marches du trône, il ne restait plus au duel qu'à descendre dans les rangs inférieurs de la société sous l'influence du principe de l'égalité* ». Il devint de bon ton de *faire des armes* ; certaines salles d'armes au confort spartiate se transformèrent en cercles ultrachics, parfois en salles privées dans des hôtels particuliers.

Assaut hebdomadaire à l'Élysée, juin 1895.

Le si rigoureux entraînement militaire s'humanisa et le maître (souvent un ancien sous-officier) dut composer avec des « élèves » issus de la plus haute société civile. Les leçons, individuelles, étaient payées en francs-or ; l'entraînement avait lieu exclusivement au fleuret, arme de conversation par excellence. Les tireurs se devaient d'annoncer les touches reçues... mais on constatait parfois des oublis ! Les compétitions telles que nous les connaissons aujourd'hui n'existaient pas mais il y avait des galas auxquels les dames étaient conviées dans les plus belles salles de Paris, souvent en présence des hautes autorités civiles et militaires. Les assauts opposaient des Maîtres d'armes militaires, souvent enseignant à Joinville, des officiers, et des « amateurs ». On imagine mal, de nos jours, que tous les samedis matin en 1895, le gendre du président de la République organisait, dans les salons de l'Élysée, un assaut d'armes, c'est-à-dire un gala auquel se pressait le Tout-Paris.

« C'est un fait à considérer que la pratique des armes semble affiner les mœurs, comme si une politesse spéciale, reste d'ancienne chevalerie, résultait de l'habitude de manier l'épée ; passer quelques heures à la salle, c'est un repos pour les uns, de l'hygiène pour les autres, pour tous, un agrément. »

(Ohnet, 1902).

Cette fin du XIXe, la Belle Époque, représente l'âge d'or de l'escrime française, reconnue comme la meilleure... avec l'italienne.

Quelques maîtres français dirigent des salles réputées à l'étranger ; des tournois internationaux opposent les meilleurs d'entre eux (Kirchhoffer, Mérignac, Prévost, Rouleau, Vigeant...) aux maîtres ou amateurs italiens (Pini, San-Malato, Conte...), belges (Desmedt, Dr Edom, Feyerick, Goemaere...), ou anglais (Egerton Castle, Alfred Hutton, Corble dont la très importante collection se trouve à l'Université du Sacré Cœur de Louvain, en Belgique).

Une petite frange, très aisée, de la société française et surtout parisienne, profite pleinement de l'engouement exceptionnel dont jouit notre escrime ; le reste de la population, industrieuse et rurale, en est totalement exclue.

La salle d'armes du journal Le Figaro, *par Régamey, 1887.*

1914, c'est la guerre : tout s'effondre, y compris la légende de l'escrime.

Quatre ans et un million cinq cent mille morts plus tard, la vie tente de redémarrer. L'escrime, si elle veut ressusciter, devra impérativement trouver les solutions pour se démocratiser en s'ouvrant à toutes les couches de la société.

La querelle fleuret-épée (fin XIXe siècle)

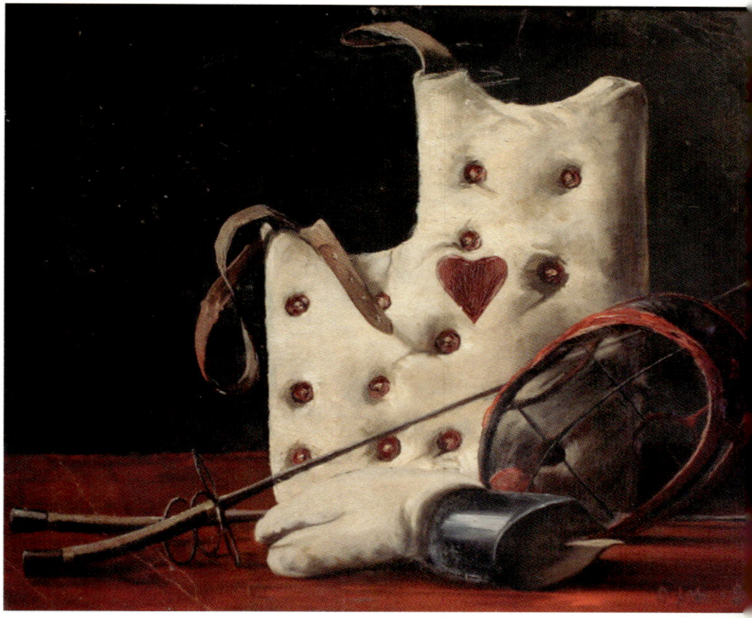

Huile sur panneau : plastron, masque, fleuret et gant, anonyme fin XIXe.

Jusqu'en 1890, l'enseignement de l'escrime se pratique presque exclusivement au fleuret, parfois au sabre pour les officiers de cavalerie. Et pourtant, de temps à autre, un bon tireur de salle se retrouve sur le pré... avec une épée de duel à la main ; le maître lui a bien donné quelques conseils pour s'adapter à cette arme nouvelle mais il constate très vite que tous les bons principes qu'il a appris, basés sur les *conventions spécifiques du fleuret*, ne lui sont plus d'aucune utilité.

Parfois, l'adversaire n'a jamais « fait » d'escrime, il a seulement pris « *la leçon de la veille* » basée sur un conseil simple : garder le bras tendu, la pointe bien en ligne menaçant toujours l'adversaire. Adieu la belle mise en garde, les contre-ripostes et tout ce qui fait le plaisir de l'escrime à la salle ; surtout ne prendre qu'un minimum de risques et ne pas être blessé.

Pour lui remonter le moral, on lui a expliqué que le combat cessera « *au premier sang* ».

Après avoir constaté que plusieurs escrimeurs renommés se sont fait tuer ou blesser par des tireurs inexpérimentés, quelques maîtres se sont émus de cette situation paradoxale.

Fabrication du fil poissé (La vie au grand air, *mai 1903*).

Sous le titre *Escrime pratique*, ils ont proposé une technique nouvelle, l'escrime de terrain (par opposition à l'escrime de salle). L'initiation débute directement par l'épée, arme de combat par excellence qui ignore parfaitement les conventions spécifiques du fleuret : le corps entier (tête, tronc et membres) est « surface valable » ; l'essentiel est de toucher, sans être touché soi-même.

Le débutant est placé d'emblée dans les conditions du duel, mais avec des épées mouchetées.

« Il faut signaler les graves inconvénients qui pourraient résulter de l'introduction de l'escrime à l'épée dans les lycées de France ; le seul avantage que l'escrime à l'épée s'arroge sur l'escrime au fleuret est d'être une préparation plus rapide au duel ; c'est sa seule raison d'être ; et c'est cette escrime, uniquement élaborée en vue d'un acte interdit par la loi que le Gouvernement, gardien des lois, ferait enseigner aux jeunes gens dont on lui confie l'éducation ! »

Ce texte de 1902 est l'introduction d'un document adressé au ministre de l'Instruction publique par *Beauvois-Devaux* !

Les partisans du *fleuret classique* qui a fait la gloire de l'escrime française ne sont évidemment pas d'accord avec cette technique nouvelle qui bafoue des principes unanimement respectés.

Malgré cette opposition, l'épée progresse et les premiers *Championnats de France*, en 1896, seront tirés au fleuret, mais aussi à l'épée ; les *poules en plein air*, à l'épée mouchetée, permettent aux escrimeurs de sortir de la salle, et d'investir, par exemple, le Jardin des Tuileries. C'est vers la fin du XIXe que quelques amateurs de l'épée inventent une nouvelle manière de « s'amuser ».

L'épée de duel obligeait à prendre trop de risques mais l'épée mouchetée manquait vraiment de « piquant », d'où l'idée des poules sanglantes. Les rencontres avaient lieu torse nu et sans masque mais comme il s'agissait d'assauts courtois, il était recommandé de ne

Plusieurs traités paraissent au tourant du siècle :

1887, Émile André, le premier, rédige "Le jeu de l'épée", Leçons de Jules Jacob ;

1893, Me Ambroise Baudry publie "L'escrime pratique au XIXe" ;

1884, Lamarche (pseudonyme du Dr Félizet) publie "le Traité de l'épée et en 1896", l'Épée ;

1898, Me Spinnewyn et P. Manour y font paraître "L'escrime à l'épée", traité d'armes adopté par l'École d'escrime à l'épée de Paris ;

1911, Jean-Joseph Renaud écrit "L'escrime", sports-bibliothèque.

pas « tirer » au visage : les épées avaient été légèrement modifiées : sur le méplat du bout de la lame recouvert habituellement de fil poissé (*la mouche*) on avait soudé une mini pyramide de 1,5 mm environ de hauteur : quand la touche était portée, la petite pointe d'acier rentrait dans l'épiderme et une goutte de sang perlait sur la peau. À l'issue de l'assaut – de courte durée, il n'y avait plus qu'à compter les petites taches rouges !

Quelques journaux publièrent des articles avec photos de cette bizarrerie du sport mais on comprendra qu'elle n'eut jamais beaucoup d'adeptes.

Le fleuret eut l'honneur d'être sport officiel dès la renaissance des Jeux olympiques, en 1896 à Athènes ; et dès les Jeux de 1900 à Paris, l'épée était au programme. La cohabitation fut difficile au début entre ces deux écoles qui avaient chacune ses partisans ; de nos jours, les relations se sont complètement apaisées.

L'initiation traditionnelle au fleuret reste théoriquement la norme. Mais de nombreux clubs, appréciant l'aspect ludique et simplifié (au début) de l'assaut à la mini épée électrique, commencent l'apprentissage par l'épée ; il en est de même pour ceux qui démarrent l'escrime à l'âge adulte : ils veulent s'amuser rapidement sans passer par la phase d'acquisition des subtilités du fleuret. L'essentiel est que chacun y trouve son compte et, dans les salles, aujourd'hui, la cohabitation entre fleurettistes et épéistes ne pose plus aucun problème.

Le cœur rouge vient se poser sur le plastron du maître vers la fin du XIXe siècle. Il symbolise la précision nécessaire pour atteindre l'organe vital.

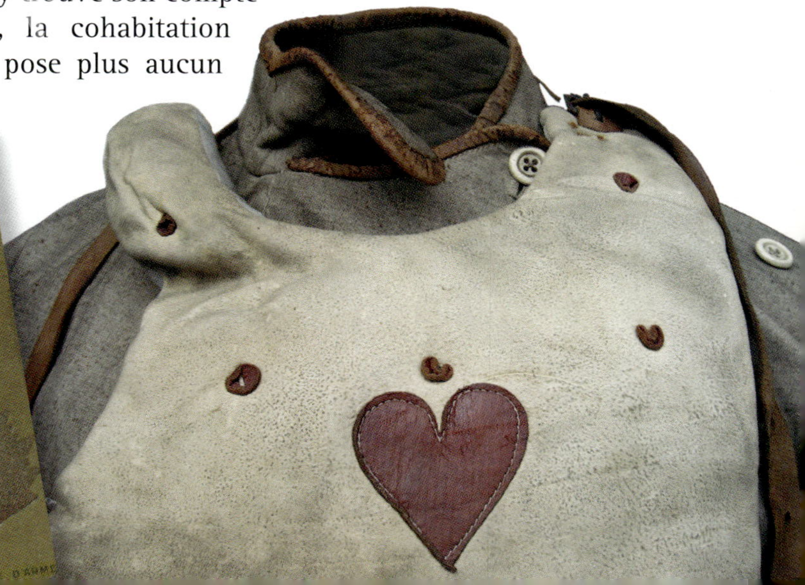

Affiche des Jeux olympiques de Paris, en 1900.

Et l'escrime devint un sport

Jeux olympiques - Athènes 1896

Pendant des siècles, l'art des armes était pratiqué en prévision de la guerre, mais c'était aussi une activité d'agrément, voire d'utilité, en pensant au duel, toujours omniprésent dans l'esprit de ceux qui avaient droit au port de l'arme.

L'arme blanche gardait intacts tout son prestige et son utilité au combat quel qu'il fût.

Au XIXe siècle, les adeptes de cette pratique furent de plus en plus nombreux ; lentement, le duel perdit de son importance et surtout de sa dangerosité, permettant aux tireurs d'être moins obnubilés par la crainte de se « *retrouver sur le pré* ».

L'escrime devint progressivement une activité de loisirs. Dans les écoles et les universités anglaises, le sport a très tôt pris une importance inconnue en France, la notion de compétition était inhérente à l'éducation *à l'anglaise*. Il suffit de se rappeler que c'est dès 1829 que fut organisée, pour la première fois, la célèbre compétition d'aviron entre les universités d'Oxford et de Cambridge, compétition qui perdure de nos jours.

La France, qui en était encore aux balbutiements de l'enseignement de l'éducation physique, eut ses précurseurs avec Amoros, qui ouvre à Paris en 1820 un *gymnase normal civil et militaire ;* puis Laisné en 1835 ; Clias en 1840 ou encore Triat en

1849. L'idée de la fondation d'un *Institut national et central de gymnastique* est proposée en 1848 mais restera sans suite.

En 1800, seuls trois pays ont construit des gymnases : l'Allemagne, le Danemark et la Suisse. C'est pourtant l'esprit sportif tel qu'on le conçoit en Angleterre qui va modifier l'approche du sport en France et permettre l'organisation des premières épreuves sportives.

Les Jeux reviennent à Paris, carte postale, 1924.

Les *galas d'escrime* – on ne parle pas encore de compétitions – réunissent les meilleurs maîtres ou amateurs ; en plus de « tirer » en salle, on commence à pratiquer à l'extérieur. Des rencontres internationales sont organisées, par exemple *boxe française* contre *boxe anglaise* – Charlemont contre Driscoll en 1899, en football, en rugby, en tennis, en golf, en athlétisme, en vélo... Le sport s'éveille, des revues spécialisées apparaissent avec notamment *La Vie au Grand Air* et le *Sport universel illustré*, surtout consacré au cheval.

Avec beaucoup d'obstination, le baron Pierre de Coubertin lance l'idée d'une rénovation des *Jeux olympiques de l'Antiquité* qui avaient été interdits par l'empereur chrétien Théodose, en 393 ; le 16 juin 1894, il organise le premier Congrès olympique dans le grand amphithéâtre de la Sorbonne : douze pays sont représentés et s'enthousiasment pour le projet. Coubertin souhaite que les premiers Jeux aient lieu à Paris en 1900 mais cela semble loin ; dans l'euphorie, il est décidé que la renaissance des Jeux aura Athènes pour cadre, et ce dès 1896. Une nouvelle ère commence.

Tous les quatre ans, la jeunesse du monde entier se réunira dans un esprit de fraternité et de compréhension qui n'exclut pourtant pas celui de la compétition : c'est du moins l'ambition à l'origine des concepteurs de ce grand rassemblement.

Palmarès olympique de l'escrime française

Champions individuels	
1896	Gravelotte (Fleuret)
1900	Coste (F) et de la Falaise (Sabre) + Mérignac et Ayat : Maître d'armes.
1908	Alibert (Épée)
1920	Massard (É)
1924	Ducret (F)
1928	Gaudin (F et É)
1948	Buhan (F)
1952	d'Oriola (F)
1956	d'Oriola (F)
1980	Trinquet (F. fem)
1984	Lamour (S) et Boisse (É)
1988	Lamour (S)
1992	Omnès (F) et Srecki (É)
1996	Flessel (É fem.)
2004	Guyart (F)
Médailles d'argent individuelles	27
Médailles de bronze	21

Titres olympiques par équipes	19
médailles d'argent	11
médailles de bronze	14

Entre Athènes en 1896, Paris en 1900, Saint-Louis (États-Unis) en 1904 et Londres en 1908, le nombre d'épreuves augmente, même si on en supprime quelques-unes qui ne sont pas estimées assez « *universelles* » comme le cricket, la pelote basque, le base-ball...

Les Jeux de Stockholm, en 1912, sont marqués par le conflit franco-italien en escrime – la longueur des armes pose problème : les escrimeurs français déclarent forfait.

Après Anvers, Paris, Amsterdam et Los Angeles, les Jeux de Berlin en 1936 sont ceux du dévoiement absolu de la notion de sport au bénéfice d'une idéologie politique (le nazisme) qui annonce une guerre prochaine.

En 1940 et 1944, pas de Jeux, le sport est bien loin !

Les spécialistes s'accordent pour dire que ce sont les Jeux d'Helsinki, en 1952, qui ont le mieux respecté l'esprit olympique. Suivent Melbourne et Rome, en 1960 – synonyme de Berezina pour les sportifs français. En 1968, à Mexico, les athlètes noirs américains manifestent contre la ségrégation raciale. En 1972, la politique s'invite aux Jeux de Munich : la délégation israélienne est massacrée. En 1980, à Moscou, les États-Unis et certains pays de l'Ouest boycottent les Jeux ; 4 ans plus tard, à Los Angeles, les pays de l'Est renvoient l'ascenseur en ne participant pas. Au total, les escrimeurs français ne sont rentrés sans médaille que trois fois :

- en 1904, parce que personne n'avait fait le déplacement ;
- en 1912, par suite du forfait face aux Italiens ;
- en 1960, parce que, pour une fois, ils n'ont pas été performants. Un célèbre dessin humoristique illustre cet échec collectif : on y voit le général de Gaulle, en tenue de sport sur un stade, devant un panneau indiquant la direction de Rome et s'exclamant : « *Décidément, dans ce pays, il faut que je m'occupe de tout !* »

Les récents Jeux de Pékin ont encore une fois démontré la force collective de l'escrime française qui a conquis deux nouveaux titres par équipes (épée et sabre masculins).

Aux Championnats du monde d'escrime, tous les ans, les escrimeurs français affichent des résultats tout aussi excellents.

La figure tutélaire de Christian d'Oriola

Champion olympique en 1952 au fleuret ordinaire, Christian d'Oriola s'était courageusement adapté au fleuret électrique qu'il n'appréciait pourtant guère au départ, pour remporter un nouveau titre en 1956. Il a éclipsé le nom de celui qui, pendant des années, au début du XXe siècle, avait été le seul escrimeur connu du grand public, Lucien Gaudin, « champion hors classe », double champion olympique en 1928.

Son palmarès en dit long sur celui qui incarnait la classe et était unanimement respecté par ses adversaires :

Champion olympique individuel en 1952 et 1956

Champion olympique par équipes en 1948 et 1952, médaille d'argent en 1956

Champion du monde individuel en 1947, 1949, 1953, 1954

Champion du monde par équipes en 1947, 1951, 1953, 1958 et un très grand nombre de victoires dans des tournois aux quatre coins du monde.

La disparition de Christian d'Oriola en octobre 2007 a profondément attristé l'univers des salles d'armes, tant il symbolisait, à lui seul, la légende de l'escrime française.

L'équipe de France, championne de fleuret par équipes aux J.O. d'Helsinki en 1952. Au centre sous sa casquette blanche, Christian d'Oriola entouré de J. Buhan, A. Rommel, C. Netter, J. Noël et J. Lataste.

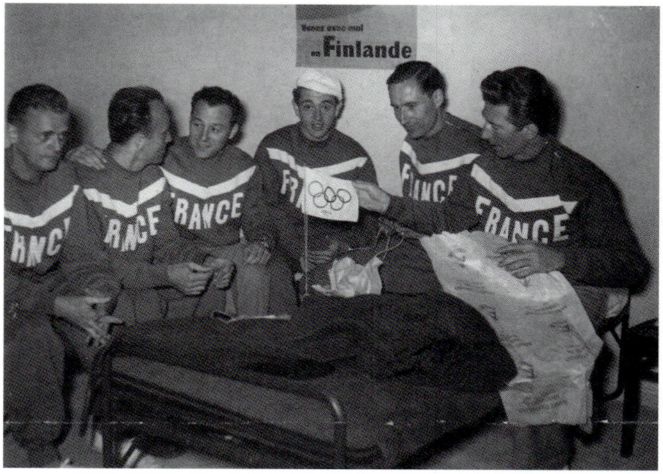

L'escrime et la femme

Ruban de St-Étienne, soie tissée, scène d'assaut féminin, décor Louis XV, fin XIXe siècle.

Symbole du courage mais aussi de la puissance dans toutes les civilisations, l'épée fut de tout temps synonyme du pouvoir.

La plupart des femmes ont toujours apprécié ces qualités chez les « hommes d'épée » ; peut-être, certaines voyaient-elles en eux le protecteur dont leur relative faiblesse physique pouvait avoir besoin ! À la limite entre légende et histoire, on doit citer le mythique royaume des Amazones, dont l'existence des redoutables guerrières est attestée par des médailles antiques.

Dans *La vie des femmes galantes* et le *Discours sur les Duels*, Brantôme (1540-1614) constate que les mignons d'Henri III s'entretuent pour des dames ; dans les salles d'armes, on s'escrime pour elles, en leur honneur ou pour sauvegarder leur honneur. Dans les tournois, les combattants portent les armes de « leur belle » au bout de leur épée ou de leur lance.

Brantôme croit pouvoir affirmer que l'engouement des femmes pour l'épée était tel que La Chataigneraye (favori d'Henri II, tué en duel par Jarnac en 1547) mettait dans les mains de sa fille, encore enfant, une épée et une dague pour en faire une amazone !

E. de Beaumont, dans *L'Épée et les Femmes* (1892), pense que les femmes ont été « *une cause constante de meurtres, de duels*

Grand plat avec escrimeuse, 1900.

Duel féminin, huile signée Bayard, 1884.

et de désastres dans la guerre » ! Son livre fait état de recherches précises sur les femmes qui, dans l'histoire, manièrent l'épée. L'une des plus célèbres – et qui inspira Théophile Gautier et G. Letainturier-Fradin, fut mademoiselle de Maupin, née à Paris en 1673. Actrice à l'Opéra, très attirée par l'escrime, elle se lia à un prévôt, *Sérane*, et devint une redoutable duelliste qui n'hésitait pas à mettre « *flamberge au vent* ». Un soir, au Palais Royal, elle provoqua, pour le plaisir, trois jeunes chevaliers, les obligea à sortir... et les tua tous les trois ! Elle réussit ensuite à obtenir la grâce du roi.

À la fin du XIXe siècle, les salles d'armes et les assauts publics se multiplient à Paris ; l'assistance féminine s'y intéresse de plus

en plus et on cite même les noms de quelques dames ayant abandonné le rôle de spectatrices pour s'adonner aux joies du fleuret !

Nous sommes en 1885 quand un maître d'armes viennois débarque à Paris avec huit jeunes escrimeuses « *dans un costume d'une coquetterie irréprochable* » qu'il présente sur la scène des Folies-Bergère : le spectacle comporte des leçons avec une ou deux élèves, des assauts au fleuret et même avec épée et dague : c'est un triomphe.

Le compte rendu du journaliste nous livre quelques réflexions qui laissent aujourd'hui rêveur :

« L'escrime est un art qui exige trop d'adresse, trop de décision, trop de vigueur pour ne pas rester l'apanage exclusif de l'homme ; jamais l'épée ne sera l'arme de la femme ; qu'en ferait-elle, du reste, avec toutes celles qu'elle a à son service ! »

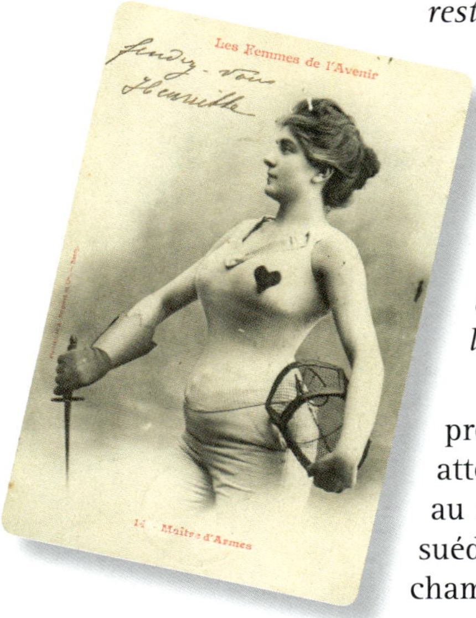

L'escrime féminine reste peu pratiquée en France, même si on note, en 1894, l'ouverture, rue de la Boétie, d'un Cercle d'escrime de dames dirigé par une maîtresse d'armes, Madame Gabriel, épouse d'un maître réputé qui a fait breveter un nouveau modèle de sabre. L'enseignement consiste à « *effectuer, avec les 2 mains, des mouvements d'escrime combinés avec des exercices vocaux pour combattre la scoliose et muscler la poitrine* » !

Les Anglaises sont très en avance puisqu'elles ont leurs premiers Championnats nationaux dès 1907 alors qu'il faudra attendre 1921 pour voir les premiers championnats de France au fleuret féminin ; ce sont d'ailleurs des étrangères (anglaise, suédoise ou autres) qui remportèrent les premiers titres de championne de France.

Ce n'est qu'en 1988 que sont organisés les premiers championnats de France à l'épée féminine, le sabre attendra 1999. Pendant longtemps, l'escrime féminine souffrit d'un manque de notoriété face à l'escrime masculine mais la situation a bien évolué puisque depuis une dizaine d'années, l'icône de l'escrime française est une épéiste, double championne olympique en 1996, *Laura Flessel.*

Laura Flessel : une des figures emblématiques de l'escrime française.

Quelques chiffres illustrent cette évolution :

- en 1943, on recensait *226 escrimeuses*, 2 900 escrimeurs (et on estimait à 1 300 ceux qui étaient prisonniers en Allemagne) + 3 300 scolaires pour 164 salles.

- l'effectif actuel de licenciés à la F.F.E. est de plus de 60 000 dont un tiers d'escrimeuses !

Certain journaliste de 1885 cité plus haut serait bien surpris de découvrir combien ses prévisions interdisant tout avenir à la femme dans le domaine de l'escrime se sont révélées fausses !

L'escrime et la publicité

Dès 1836, un quotidien français, *La Presse,* consacre une page à la publicité de divers produits afin de diminuer son prix de vente. Avant d'envahir l'espace quotidien, celle qu'on appelait alors la réclame était infiniment plus discrète qu'aujourd'hui ; et pourtant, déjà, elle s'intéressait à l'escrime !

« Le 12 mai 1888, à 8 h du soir » : une des premières affiches d'escrime annonce *Un Grand Assaut de Bienfaisance donné par les Sociétés d'Escrime de Paris* au bénéfice de la veuve et des enfants d'un maître d'armes décédé ; 30 maîtres parmi les plus réputés sont cités : *L. et E. Mérignac, Kirchhoffer, Prévost, Rüe, Ruzé...* Prix du billet : 10 francs-or !

En 1894, les épiceries *Félix Potin* lancent une réclame géante d'un genre nouveau : pour fidéliser leur clientèle, dans chaque produit est glissée une petite photo d'une personnalité de la politique, des arts, de la littérature, des sciences, de l'armée, des sports... à coller dans un collecteur. Plus de mille personnes – dont quelques très rares femmes – figurent dans cette collection où plusieurs maîtres d'armes ont l'honneur de trouver place : *Vigeant, Ayat, Pini* (Italie), *Mérignac, Rouleau...*

À cette époque, les chromos sont très à la mode : ils vantent les mérites de certaines marques de denrées alimentaires ou d'autres produits dont certains existent encore de nos jours. Sont aussi à l'honneur des petits commerces aujourd'hui disparus et de très grandes enseignes comme La Samaritaine et La Belle Jardinière. L'escrime y est très régulièrement présente : sous une forme historique avec une série des grands duels qui jalonnent l'Histoire de France, humoristique, pédagogique mettant en scène des maîtres d'armes ; des enfants escrimeurs y sont aussi fréquemment représentés.

La gourmandise au service de l'escrime.

À la fin du XIXe siècle, l'amélioration de la technique permet l'édition de cartes postales, souvent colorisées, à des millions d'exemplaires. Tous les sujets y sont traités et l'escrime y fait sa propre réclame : les cartes de *l'École d'escrime de Joinville* sont très nombreuses mais aussi celles de toutes les salles de garnison ou même de salles civiles de la France entière. L'âge d'or de la carte postale coïncide avec celui de l'escrime.

Après la guerre de 1914-1918, l'escrime a perdu de son aura, d'autres sports tiennent le haut du pavé et la publicité ne fait plus guère appel à l'escrime pour vanter les produits. Une exception, en 1932 : pleine page, en 4e de couverture d'une importante revue, une escrimeuse rayonnante dit à son adversaire masculin effondré dans un fauteuil : « *Je vous offre un Byrrh et votre revanche.* »

En Italie aussi, l'escrime est très prisée des publicitaires : c'est ainsi que vers 1930, une société de Palerme exportant des agrumes enveloppe chaque orange d'un papier de soie imprimé en couleur représentant un escrimeur en fente ; le cageot, une fois plein, est recouvert d'un grand papier illustré du même décor !

Emballage d'orange réalisé par une société italienne de Palerme, vers 1930.

Le Comité de la Ligue Régionale de l'Ile-de-France et la Société Anonyme Française MARTINI & ROSSI ont le plaisir de vous inviter à participer à la quatrième épreuve du

CHALLENGE MARTINI

ÉPREUVE INTERNATIONALE DE FLEURET

QUI SE DISPUTERA

LE SAMEDI 13 AVRIL 1957

A PARTIR DE 13 H. 30

ET LE DIMANCHE 14 AVRIL 1957

A PARTIR DE 8 H. 30

AU

Stade Pierre De Coubertin

GRAND COURT

Martini, sponsor du célèbre challenge éponyme créé en 1953, à Paris.

En 1953 est créé à Paris un des plus importants challenges de fleuret, cette manifestation mondialement connu est sponsorisé par une marque d'apéritif tout aussi célèbre (le Challenge Martini). En 1991, quand la publicité pour les alcools est interdite en France (loi Evin), ce challenge disparaît mais se prolonge à Londres et à Bruxelles pour les autres armes. Il sera repris par un autre sponsor et deviendra en 1995 le Challenge international de Paris, c'est-à-dire une publicité pour la Ville de Paris… sous les couleurs de l'escrime.

Bien que le niveau des résultats sportifs obtenus en escrime soit sans comparaison avec ceux de la plupart des autres sports, il faut bien reconnaître que notre discipline n'intéresse guère la publicité ; l'escrime reste un sport très discret dont on parle, un peu, à l'occasion des Jeux olympiques, ou – encore moins – des Championnats du Monde.

C'est pourquoi il faut considérer avec satisfaction l'initiative prise en 1983 par Bata, fabricant de chaussures qui a souhaité redorer l'image de marque de ses produits.

Vichy aussi a goûté au pétillant de la lame, publicité dans les années 50.

Une enquête d'opinion avait révélé que ses clients situaient ses chaussures en milieu de gamme. Comment revaloriser sa production ? En ayant recours à l'image élitiste que l'escrime avait conservée dans l'opinion publique. Bientôt, dans tous les magasins de cette marque en France, trône une grande photo cartonnée de 90 x 75 cm montrant une belle escrimeuse moderne équipée par la société Prieur-Sports)

Quand une marque de chaussures utilise l'image de l'escrime, 1985.

Autre exemple, trop rare, de publicité récente utilisant l'escrime : en 1995, la campagne publicitaire de RTL reprit la célèbre photo des Jeux de Barcelone en 1992 sur laquelle Philippe Omnès, tout nouveau champion olympique de fleuret est projeté en l'air par toute l'équipe de France.

Longtemps, trop longtemps, l'escrime est restée l'apanage d'une certaine frange de la société : elle s'est enfin démocratisée sans perdre pour autant ses qualités fondatrices : le contrôle de soi, le respect de l'adversaire, de l'arbitre et des règles, l'observation, l'esprit de décision, la persévérance et, bien sûr, l'amélioration de la santé du pratiquant.

Les champions emblématiques de l'escrime française sont légion : ceux-ci et la renommée de leur discipline devraient inciter la publicité à faire plus souvent appel à notre sport favori.

Saluons toutefois une exception : l'une des plus médiatisées de nos championnes, Laura Flessel, prête sa renommée à la publicité en faveur de la tenue d'escrime d'un grand équipementier.

Espérons que cela fera école auprès d'autres annonceurs !

La signalisation électrique

En 1911, le chevalier Adrien de Mélotte publie *L'Escrime, les Armes, le Duel au pays de Liège*. Il y cite un extrait du *Journal de Liège* de janvier 1885 : *« Un organisateur d'assauts vient de faire expérimenter dans une salle de gymnastique de la Ville un appareil électrique pour la constatation des touches (Appareil Jongen). Après cet essai, personne n'entendit plus jamais parler de cet instrument de supplice pour escrimeurs : sans doute fonctionnait-il trop bien ! »*

Ci-dessus, prototype d'épée électrique de 1932-34.

Ci-dessous, appareils électriques pour épée seule de 1935 et 1950 ; le troisième pour fleuret et épée date de 1960.

En 1943, Jean Chavigny publie *Le Roman d'un artiste, Robert Houdin, rénovateur de la Magie blanche*. On peut y lire, non sans surprise que dès 1840, *« Robert Houdin avait imaginé un plastron électrique accusant par un coup de timbre tous les coups nettement touchés mais il ne croyait pas à l'avenir de cet appareil ; à la fin de sa vie, il en fit cadeau à un jeune prévôt d'armes militaire du nom de Cabot. Revenu à la vie civile bien des années plus tard, celui-ci essaya vainement de lancer dans le monde de l'escrime l'appareil de Robert Houdin.*

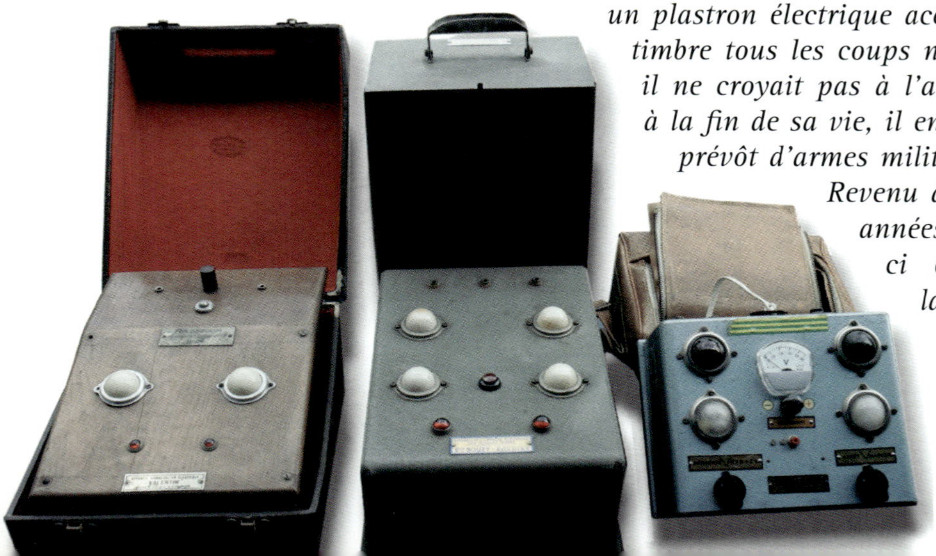

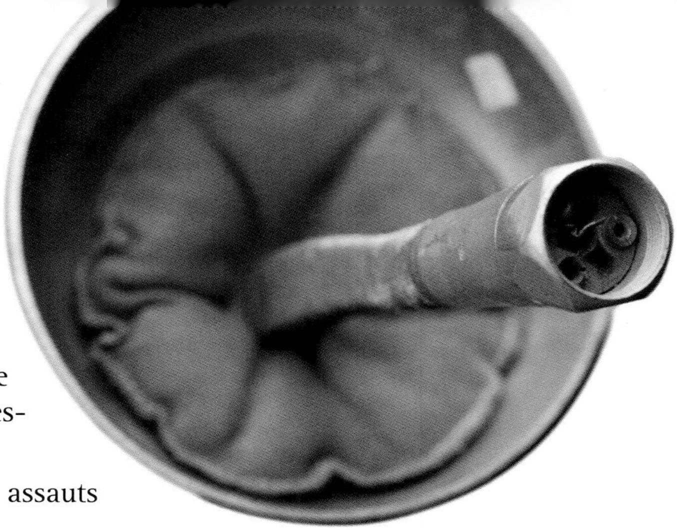

50 ans après, le principe en fut repris et très nettement amélioré : maintenant [1943] presque tous les tournois à l'épée de combat l'emploient. »

Le 24 janvier 1932, première compétition expérimentale à l'épée électrique organisée à Lyon par la S.E.L. (Société d'escrime lyonnaise).

On utilisa quelque temps, pendant des assauts de démonstration, un double jugement :

- la formule habituelle avec un président de jury et quatre assesseurs ;

- caché derrière un rideau, l'appareil électrique enregistrant les touches.

Les résultats furent étonnants : la notoriété de quelques tireurs pouvait influencer les assesseurs qui en « oubliaient » certaines touches, leur impartialité pouvant laisser à désirer. Les débuts furent difficiles mais cela correspondait tellement à un besoin qu'on adopta assez rapidement le système. Vers 1955, on constata à nouveau des différences de jugement quand apparut le *fleuret électrique*. La conception de ce nouvel appareil fut rendue plus difficile avec l'existence de deux zones : et non plus une seule comme dans l'épée :

- *valable,* matérialisée par une *cuirasse électrique* couvrant tout le tronc ;

- *non valable :* le masque et sa bavette, les bras et les jambes.

Cela nécessita la mise en place d'une lampe verte ou rouge pour les *touches valables* et d'une blanche pour les *touches non valables.*

Le phénomène se reproduisit 40 ans plus tard avec l'adoption du sabre électrique. Complication encore plus grande : il y a toujours les deux zones déjà maîtrisées, cependant la touche n'est

plus le résultat de l'enfoncement de la tête de pointe sur la cible adverse mais celui du contact de la lame sur la cuirasse électrique ou le masque adverse en évitant que le contact entre les lames ne déclenche la touche. Difficultés qui demandèrent des années de recherches !

Têtes de pointes électriques :
- à six pointes (1932-1934)
- hérisson (vers 1955)
- plate (1960).

Les Jeux de Berlin en 1936 furent la première grande compétition internationale organisée à *l'épée électrique*.

Pour le *fleuret électrique,* il fallut attendre les J.O. de Melbourne en 1956.

Quant au *sabre électrique*, il fit son apparition aux championnats du monde de 1989 à Denver (États-Unis).

Dernière innovation technique pour faciliter l'arbitrage : le contrôle vidéo. Déjà utilisé en tennis et en rugby, il autorise un tireur, dans certaines conditions, à demander ce contrôle s'il est en désaccord avec la décision de l'arbitre ; un arbitre complémentaire examine le ralenti de l'action concernée sur l'écran et confirme ou infirme la décision précédente.

Dès les débuts de l'escrime sportive, la matérialité de la touche posait problème. De nombreux chercheurs se penchèrent sur le sujet et inventèrent différents systèmes, en voici quelques-uns :

- l'extrémité de la lame enduite de craie de couleur ;

- pointe d'arrêt fixée avec du *fil poissé*, à une, deux ou trois pointes (la célèbre pointe du *Docteur Sazie* brevetée en 1907) ;

- la pointe Mykorsky qui restait enfoncée après la touche ;

- l'*épée électrophone* brevet *Souzy* de 1914.

Les *têtes de pointe électriques* évoluèrent également.

Les premières épées électriques (vers 1935) avaient une tête de pointe directement inspirée de la pointe Sazie qui malmenait toujours autant la veste du tireur… et parfois son épiderme !

Les premiers fleurets électriques (vers 1955) adoptèrent une tête moins agressive, baptisée *pointe hérisson* qui fut montée également sur les épées.

C'est vers 1960 que fut adoptée, aux deux armes, la tête de pointe plate toujours en vigueur de nos jours. L'utilisation de la signalisation électrique ne résout évidemment pas toutes les difficultés que rencontre l'arbitre mais elle lui facilite la tâche en lui indiquant avec certitude la matérialité de la touche ; la vérification préalable des armes permet de s'assurer qu'elles sont conformes au règlement et réduit les risques de fraude.

Il n'entre pas dans nos objectifs de détailler le mécanisme et les règles qui régissent le fonctionnement de cette signalisation électrique utilisable aux trois armes ; cependant, pour rassurer les inquiets (non escrimeurs, bien sûr !), sachez que c'est un courant de 12 volts qui circule dans l'installation. Utilisé dans le monde entier depuis 75 ans, il n'a jamais entraîné le moindre incident d'ordre électrique !

Pointes Sazie brevetées en 1907, dans leur boîte d'origine.

L'escrime et le cinéma :
les films de cape et d'épée

D'Artagnan, les Trois Mousquetaires – Aramis, Athos et Porthos ; le capitaine Fracasse ; Fanfan la Tulipe ; le Bossu ; Scaramouche ; Zorro ; Pardaillan ; le comte de Monte-Cristo ; Cyrano de Bergerac ; Robin des Bois,... autant de héros dont les aventures et les exploits ont enchanté notre enfance et notre adolescence. Ils symbolisent le *courage*, *la justice*, *la loyauté*, *le panache* au service du Bien pour s'opposer à la lâcheté, la traîtrise, l'exploitation des faibles qui incarnent, elles, le Mal.

Chaque roman situé dans un contexte historique propre fait la part belle à l'utilisation de l'épée et se termine le plus souvent par un duel, comme le bouquet du feu d'artifice, qui oppose le bon et le méchant. En général, le roman mêle habilement des personnages connus de l'Histoire dans des lieux également connus de tous, mais l'auteur se permet quelques digressions, en ajoutant si besoin des personnages particulièrement typés et en faisant quelques entorses à l'Histoire. Cela a permis à Alexandre Dumas, auquel on reprochait ces quelques écarts, de se défendre par ce bon mot devenu classique : « *C'est vrai, j'ai parfois violé l'Histoire, mais je lui ai fait de beaux enfants.* »

Il est évident que le cinéma, dès sa naissance, ne pouvait rester indifférent devant de tels sujets. Il ne s'en est pas privé puisque, pour le seul Alexandre Dumas – le plus prolixe –, on dénombre 25

films tirés des *Trois Mousquetaires,* 22 du *Comte de Monte-Cristo,* 10 du *Vicomte de Bragelonne.*

Le cinéma a permis de mettre un visage sur le nom de tous ces héros et les plus grands acteurs se sont prêtés de bonne grâce à tous ces scénarios malgré l'obligation de suivre un entraînement très spécifique d'escrime de théâtre.

Les acteurs-bretteurs français les plus connus :

Jean Marais (1913-1998) *le Capitaine Fracasse, 1951 ; Le Comte de Monte-Cristo, 1953 ; Le Bossu, 1959...*
Alain Delon : *la Tulipe noire, 1963 ; Zorro, 1974 ;*
Gérard Philippe : *Fanfan la Tulipe, 1952 ;*
Jean-Paul Belmondo : *Cartouche, 1961 ; Les Mariés de l'An II, 1971 ;*
Gérard Barray : *Le Capitaine Fracasse, 1960 ; les Trois Mousquetaires, 1961 ; Hardi Pardaillan, 1962 ; Scaramouche, 1963 ;*
Georges Marchal et Bourvil : *les Trois Mousquetaires, 1953 ;*
Daniel Auteuil : *La Reine Margot, 1994 ; le Bossu, 1997 ;*
Vincent Pérez : *Cyrano de Bergerac, 1990 ; la Reine Margot ;*
Robert Hossein : la série des *Angélique ;*
Sophie Marceau : *La Fille de d'Artagnan, 1994.*

Parmi les acteurs américains, citons :

Douglas Fairbanks (1883-1939) jouant d'Artagnan, Robin des Bois, Zorro...
Errol Flynn (1909-1959) dans *In the Wake of Bounty, 1935; Robin Hood, 1938; Don Juan, 1948.*
Steward Granger (1913-1993) et Mel Ferrer (1917-2008) dans *Scaramouche,* en *1952,* que les spécialistes s'accordent à considérer comme le meilleur film jamais produit dans le genre.

Des maîtres d'armes se sont spécialisés dans ces films de cape et d'épée dès les débuts du cinéma, parmi eux

plusieurs maîtres belges, enseignant à Los Angeles, qui ont été embauchés par Hollywood pour ce genre de films dès 1920 :

Me Henry J. Uyttenhove, de 1920 à 1923 ;

Me Fred Cavens, de 1924 à 1954 ;

Me Jean Heremans, surtout connu pour avoir supervisé les duels de *Scaramouche*. En France, André Gardère fut l'un des précurseurs dans ce domaine.

Pierre Lacaze, enseignant l'escrime sportive aux futurs maîtres d'armes à l'I.N.S., se spécialisa surtout dans l'escrime au théâtre. Il enseigna longtemps au Conservatoire national d'Art dramatique de Paris, au Conservatoire international de musique, à l'Opéra de Paris, ainsi qu'à l'école internationale du mime Marceau.

Président de l'*Académie d'armes de France,* il était aussi passionné par l'histoire de l'escrime et écrivit plusieurs ouvrages sur le sujet. Il réussit à transmettre sa passion à nombre de ses élèves dont l'auteur de ces lignes qui tient ici à lui rendre un hommage posthume.

Robert Heddle-Robboth, plus connu sous le nom de Bob, professeur d'éducation physique, travaille également pour le théâtre à promouvoir ce qu'il appelle *« une autre escrime ».* Il enseigna pendant des années l'escrime sportive au P.U.C. et à l'A.C.B.B. puis s'orienta vers *l'escrime artistique et théâtrale* à l'E.N.S.A.A.T de la rue Blanche, au Théâtre de Chaillot (Jérôme Savary) au Carré Silvia Montfort. Il remplaça le Me Lacaze auprès de la Compagnie Marcel Marceau, pour la *comedia del arte* à Venise entre autres. Il est l'indestructible promoteur d'une escrime de spectacle plus orientée vers la danse que vers d'improbables assauts du style « combats de rue ».

Dès les années 50, Claude Carliez (actuel président de *l'A.A.F*) devint le responsable attitré de tous les films comportant des scènes de duel ou des cascades variées. Il vantait volontiers les qualités physiques et le professionnalisme de Jean Marais, son acteur préféré, qui d'ailleurs refusait souvent de se faire doubler. Il dirigea également Jean-Paul Belmondo, Alain Delon, Sophie Marceau entre autres. Son fils Michel Carliez prit sa succession, on lui doit *le Bossu* avec Daniel Auteuil en 1997 et *Fanfan la Tulipe* avec Vincent Pérez en 2003.

Tous ces maîtres, et bien d'autres moins connus, pérennisent la légende de l'escrime en mettant en valeur les qualités de tous ces « champions » qui luttent avec panache pour que triomphe le bon droit. Aujourd'hui, la technologie moderne remplace l'épée par le laser, la rapière par la kalachnikov.

On peut le regretter mais le symbole de l'arme blanche, même représenté par un simple bâton, suffit encore, heureusement, à transformer le premier gamin en un preux chevalier armé de sa seule imagination pour défendre sa belle ou son honneur dès qu'il l'estime bafoué. Il faut reconnaître que le genre est moins en vogue que dans les années 1950-60 mais quel est l'adulte qui, en souvenir de l'enfant qu'il a été et des émotions qu'il a vécues, ne prend pas encore un plaisir intense à revivre les aventures de ses héros préférés.

L'escrime de spectacle a encore de beaux jours devant elle : elle est reconnue par la Fédération française d'escrime qui a créé des brevets spécifiques organisés sous la responsabilité des maîtres spécialistes de l'Académie d'armes de France. Un championnat de France et un championnat du monde d'escrime artistique sont organisés régulièrement depuis quelques années et le nombre de troupes qui y participent est en constante augmentation. Tous les pratiquants de cette escrime, chevronnés ou débutants, y prennent un plaisir évident et communicatif, complément indispensable au plaisir que prennent les tireurs de compétitions à quelque niveau que ce soit.

L'équipement de l'escrimeur : le fleuret, l'épée, le sabre

Chaque sport nécessite pour sa bonne pratique un minimum d'équipement. En natation, un maillot de bain peut suffire ; pour jouer au football, un simple ballon ou même une boule de chiffons dans certains cas extrêmes peut suffire : chacun a en mémoire ces enfants brésiliens jouant pieds nus sur la plage !

En escrime les conditions sont totalement différentes car, en plus de l'arme, le tireur doit avoir une protection corporelle optimum, qui a d'ailleurs considérablement évolué avec le temps.

Le *masque :* nous avons vu que les premiers masques ne protégeaient, bien imparfaitement, que le visage ; les masques modernes constituent une protection très efficace de la tête et du cou.

La *tenue :* la toile à voile des premières compétitions a laissé la place vers 1970 à du Tergal, lui-même remplacé par du Kevlar... qui sert aussi à fabriquer les gilets pare-balles !

La protection sous le bras armé constituait souvent un point faible : elle est complétée maintenant par une cuirasse de protection en Kevlar (obligatoire même à la salle) qui protège aussi le flanc et le haut du bras armé.

Les *chaussures* à semelles de buffle sont à ranger au rayon des antiquités ; les fabricants ont créé des modèles spécifiques qui protègent mieux la cheville et le flanc intérieur du pied arrière en cas de très longue fente.

La protection féminine était assurée imparfaitement par deux coquilles en plastique ou en aluminium, elles sont remplacées actuellement par un bustier moulé enveloppant davantage la face et les côtés de la poitrine.

Les *lames* : leur rupture a toujours constitué un risque. Le remplacement d'une lame rivetée sur le pommeau demandait un certain temps ; avec les premières compétitions est apparu le système démontable du *pommeau Joinville.*

L'amélioration des techniques de forge a permis de fabriquer des lames plus solides mais il a fallu attendre l'arrivée des *lames maraging* – théoriquement incassables – pour réduire considé-rablement les risques de casse.

Masque, gant et arme avec fils de corps.

La *monture des armes* s'est allégée : *garde d'épée* en aluminium, *poignée en bois* recouverte de ficelle remplacée par une pièce moulée, *poignée crosse* en métal léger...

Les *gants,* avec une main énorme rembourrée au crin de cheval et un crispin en cuir très rigide au début du XXe siècle, ont été remplacés par des gants en tissu synthétique, souvent lavables, sur lesquels glisse la lame adverse.

Les tristes *gaines* en gros tissu marron ont laissé place à des modèles en synthétique dans des couleurs chatoyantes ; pour les plus grosses, permettant d'emmener un matériel complet, un support avec roulettes qui facilite le transport.

Cet ensemble est complété par l'équipement électrique (avec son *fil de corps)* :

- au fleuret : cuirasse électrique délimitant la surface valable ;
- au sabre : cuirasse électrique spécifique avec masque et gant correspondants.

Tout cet équipement constitue un investissement conséquent mais trois choses sont à prendre en considération :

- pour le débutant, beaucoup de salles prêtent les éléments nécessaires pendant la première année, ce qui laisse le temps à la motivation de se confirmer ;
- bien entretenu, ce matériel peut durer des années et s'amortir facilement ;
- pour les enfants dont la taille évolue, la majorité des salles organisent à la rentrée des bourses d'échange.

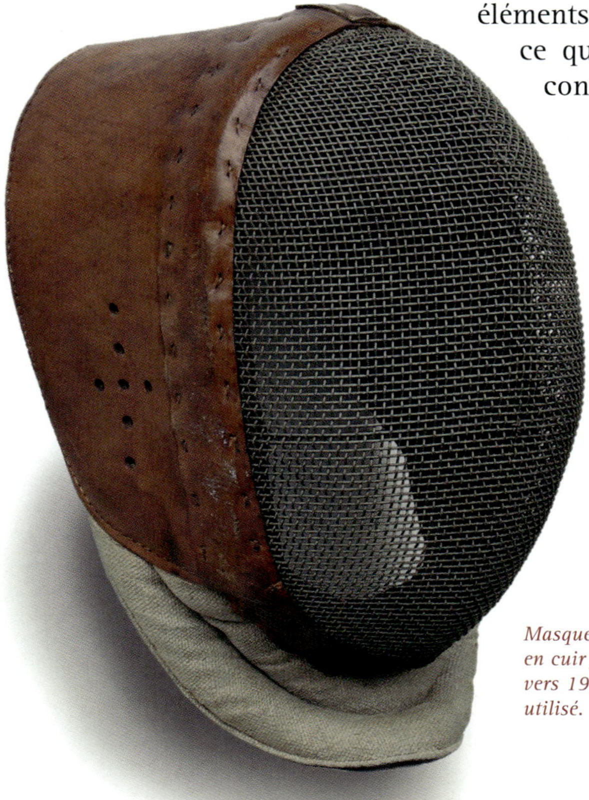

Masque de sabre en cuir fauve, vers 1950, encore utilisé.

L'escrime et la télévision

Enveloppe premier jour pour le timbre saluant les championnats du monde d'escrime de 1981 qui se sont déroulés en France.

Avant même que l'escrime soit reconnue comme une discipline sportive à part entière, elle a d'emblée passionné ceux qui la pratiquaient mais laissé indifférents ceux qui en étaient exclus. De nos jours, l'escrime fascine toujours autant ses adeptes mais n'intéresse guère plus qu'hier les non-sportifs ou les tenants de sports plus médiatisés.

Il faut des événements exceptionnels comme les Jeux olympiques, voire les Championnats du monde, pour que l'attention des médias se focalise un peu sur notre discipline dont, en revanche, on attend toujours des résultats et des médailles. D'où le rôle primordial que joue la télévision en apportant directement au néophyte des images d'une discipline qu'il ne serait jamais allé voir. Avec un commentateur compétent, la petite lucarne permet aussi d'expliquer le déroulement d'un assaut dont la rapidité déconcerte le plus souvent le spectateur novice. Malgré cette évidente difficulté de compréhension, l'escrime dispose toujours d'un préjugé favorable mais elle est restée longtemps bloquée par ses traditions ancestrales. Afin de rendre l'escrime plus accessible, des innovations étaient nécessaires.

Elles ont été menées à bien par René Roch, ancien sabreur international, président de la F.I.E. depuis 1992, qui est actuellement le seul président français d'une fédération internationale.

René Roch a aidé au développement de l'escrime dans les fédérations des petits pays dont les tireurs apparaissent maintenant au plus haut niveau. Il a insisté pour la mise en place d'un système de signalisation sans fil supprimant pour certaines armes le si disgracieux fil attaché dans le dos des tireurs. Malgré bien des réticences, il a aussi obtenu l'utilisation d'un masque transparent (il en existait déjà un modèle, parfaitement oublié, vers 1900, pour l'entraînement du duel au pistolet). Il a enfin simplifié les règes des compétitions par équipes en instaurant les relais à l'italienne avec 3 tireurs qui assurent un suspense garanti jusqu'à la dernière touche.

Depuis des années, la F.F.E. a compris l'intérêt qu'il pouvait y avoir à montrer des images d'escrime, si possible en direct, à la rigueur en différé. Mais le monde de la télévision a ses exigences : ainsi, en 1990, aux Championnats du monde qui se déroulaient à Lyon, la F.F.E. avait réussi à obtenir un créneau de direct pendant l'épreuve de fleuret masculin où elle espérait un bon résultat.

"À l'ami J. Saling, le fameux tireur de bottes".

Aquarelle de Maurice Remy

Cet espoir s'est d'ailleurs confirmé puisque Philippe Omnès remporta le titre. Mais lorsque l'antenne a été donnée au commentateur, le programme prévoyait qu'on en soit aux demi-finales ou à la finale ; il y avait malheureusement un certain retard dans le déroulement de l'épreuve et le pauvre commentateur a dû se contenter d'expliquer des assauts préliminaires de bien moindre intérêt. La réaction de la télévision a alors été catégorique : *« Nous sommes d'accord pour continuer à programmer des compétitions d'escrime en direct car cela correspond à une demande mais à une condition : que vous soyez en mesure de respecter scrupuleusement vos horaires. »*

Dans les épreuves de Coupe du Monde disputées en France (et même celles de moindre importance) retransmises par la télévision, chacun peut constater maintenant que les horaires annoncés sur le programme sont parfaitement respectés. Reconnaissons qu'en règle générale, les horaires sont bien mieux respectés, et ceci même dans des compétitions de moindre importance où les caméras sont absentes.

Dessin de Trez paru dans Paris-Match.

L'escrime a bénéficié – comme bien d'autres disciplines – de l'engouement de la télévision pour le sport en général, aussi il n'est plus rare de voir les chaînes nationales ou même locales. consacrer des reportages à l'escrime.

Des innovations récentes ont aussi rendu l'escrime plus télégénique. Lorsque les deux lampes s'allument ensemble, le téléspectateur est évidemment désorienté :

- à l'épée, c'est plus simple puisque, dans ce cas, chaque tireur marque un point ;
- au fleuret et au sabre, c'est plus complexe car l'arbitre doit définir la « phrase d'armes » et attribuer la touche en appliquant les conventions spécifiques.

La vitesse d'exécution génère cependant une difficulté de compréhension, surtout au sabre ; en permettant de revoir l'action, le ralenti télévisé joue pleinement son rôle didactique.

L'arbitrage, théoriquement en français depuis les origines, a été remplacé par une *gestuelle spécifique* qui supprime la question du langage et permet de définir avec certitude lequel des deux tireurs a mis la touche. La connaissance de ces quelques gestes aide considérablement le téléspectateur comme le spectateur.

Autre innovation très récente, déjà utilisée dans d'autres sports, la présence d'un spécialiste devant son écran de contrôle : le tireur, en cas de désaccord quant à la décision arbitrale, a le droit de demander une *vérification par la vidéo*, grâce à l'utilisation du ralenti. Le téléspectateur profite ainsi de ces améliorations qui contribuent à rendre notre sport plus « lisible ».

Le petit écran est ainsi devenu un partenaire incontournable de l'escrime et lui apporte une publicité discrète mais efficace.

Entraînement, assaut, compétitions

L'escrime de spectacle, l'escrime-loisir, l'escrime handisport

Tout le monde s'accorde à reconnaître que l'escrime est un sport technique difficile à maîtriser qui demande un réel apprentissage. À l'époque où l'escrime était enseignée par des maîtres militaires ne lésinant pas sur la discipline, il n'était pas question d'être autorisé à « tirer » avant d'avoir subi trois années d'entraînement !

Cette rigueur s'est progressivement atténuée : maintenant, le débutant peut expérimenter au bout de quelques mois seulement ce qu'il a appris à la leçon. La mini-épée électrique permet même, dans certains cas, de débuter par des « assauts joués » quasiment en l'absence de toute technique.

La discipline du maître ou des parents permettait d'exiger du débutant qu'il soit soumis à un apprentissage strict. Avec la prolifération des activités (sportives ou non) proposées aux jeunes, ceux-ci exigent maintenant de trouver très vite le plaisir qu'ils y cherchent : s'ils ne le trouvent pas, ils quittent la salle pour s'orienter vers d'autres pratiques.

La survie de la salle dépendant en partie de la cotisation des adhérents, il appartient donc au maître de trouver des procédés pédagogiques qui vont fidéliser les débutants.

Assaut de fleuret féminin, 1989.

Les compétitions sont organisées à tous les niveaux et pour tous les âges aux trois armes, pour les filles et pour les garçons, en individuel et par équipes de trois. Cette quantité d'épreuves nécessite un grand nombre d'arbitres : chaque salle doit en présenter un au-delà de l'engagement de quatre tireurs ; elle est donc obligée, en plus de la formation technique de ses adhérents, de leur proposer une formation d'arbitre, ce qui a le grand mérite de montrer au jeune tireur la difficulté de ce rôle et lui apprendre à en respecter les décisions.

L'ambition légitime de tout escrimeur, de tout sportif en général, est d'aspirer à atteindre le « haut niveau » : il est prêt pour cela à bien des sacrifices. Il est tout aussi évident que tous ne peuvent atteindre cet objectif.

Couverture du magazine de sports La Vie au grand air *du 16 mai 1903.*

Le tireur, passionné par sa discipline qu'il ne veut pas abandonner, peut être amené à modifier ses objectifs et à se contenter d'une autre forme d'escrime tout aussi passionnante : l'escrime-loisir et l'escrime de spectacle. L'une et l'autre ont pris ces dernières années une importance considérable, puisque reconnues par la F.F.E. ; cela correspond à une demande, l'organisation en a été structurée.

L'escrime-loisir

L'escrime-loisir a été créée par quelques maîtres il y a près de 40 ans (dont l'auteur de ces lignes) dans l'indifférence des autorités, qui ont finalement dû se résoudre à en reconnaître l'intérêt et à la prendre en charge.

De plus en plus d'escrimeurs adultes qui avaient dû en abandonner la pratique pour des raisons familiales ou professionnelles y reviennent bien des années après. D'autres la découvrent, parfois par l'intermédiaire de leurs enfants, et s'aperçoivent qu'il n'y a pas de limite d'âge à sa pratique. Des catégories d'âge ont été spécialement créées : vétérans 1, 2, 3 et 4, soit de 40 à 70 ans et plus.

Des circuits sont maintenant en place qualifiant pour les Championnats de France, puis les Championnats du Monde ; les plus anciens flirtent avec les 80 ans, certes avec moins de vitesse mais toujours avec le même enthousiasme. Peu de sports peuvent prétendre à une telle longévité dans leur pratique.

L'escrime de spectacle

Des diplômes spécifiques sanctionnent la compétence des Maîtres qui se sont spécialisés dans ce domaine particulier. La différence avec l'escrime sportive est fondamentale :

- celle-ci recherche, par la vitesse et la précision, *la touche qui marque le point ;*

- celle-là, par la beauté du geste qui *ne touche surtout pas,* cherche à retrouver la technique des combats d'autrefois en proposant un spectacle élégant ; l'absence de protection oblige le tireur à une concentration extrême ; toutes les époques peuvent être évoquées : Antiquité, Moyen Âge, grand siècle et même intemporel... toutes les armes aussi.

Ajoutez à cela la recherche des costumes correspondants et on obtient des spectacles de plus en plus prisés par le public.

Pendant l'été, beaucoup de villes et de villages organisent des reconstitutions d'escrime médiévale si l'histoire et l'architecture locales s'y prêtent ; les mousquetaires y sont toujours à l'honneur pour le plus grand plaisir des spectateurs ; des châteaux ouverts au public servent de cadre naturel à ces représentations.

Quelques grands parcs d'attractions présentent régulièrement ce genre de spectacles qui demandent un travail d'organisation où se mêlent bénévoles et professionnels.

L'escrime handi-sport

Pour en retrouver les premières manifestations, il faut remonter à 1916 : la Grande Guerre a fait des milliers de blessés et, parmi eux, de nombreux aveugles. Le maître Georges Dubois s'est intéressé à leur cas : pour faciliter leur réinsertion il a créé à Paris, à l'Hôtel des Invalides, un cours spécial d'escrime pour aveugles apprenant à ceux-ci à se situer dans l'espace par rapport à leur adversaire.

Escrime pour aveugles de guerre, 1916.

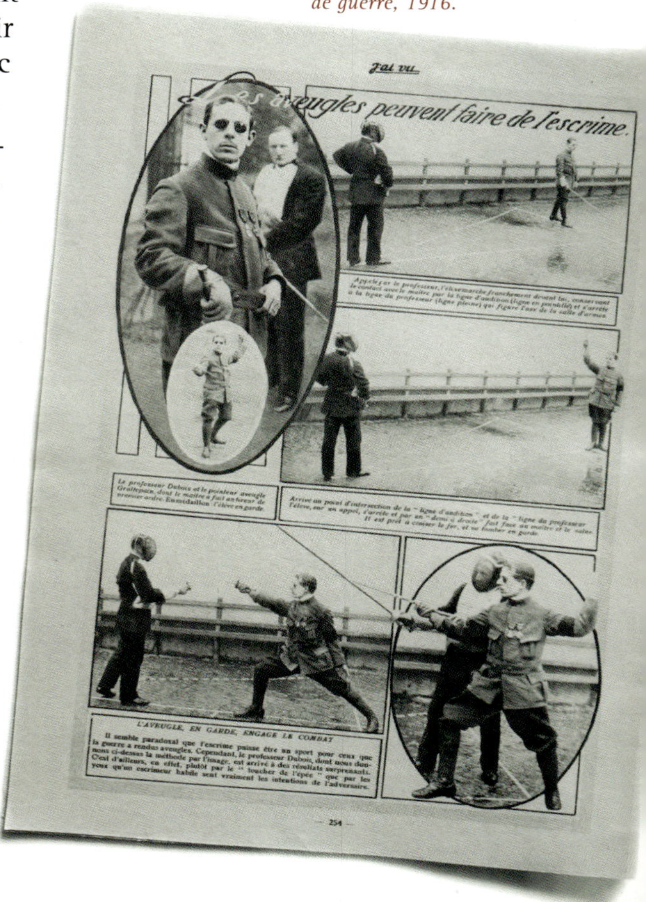
J'ai vu

Les aveugles peuvent faire de l'escrime.

Appelé par le professeur, l'élève marche franchement devant lui, conservant le contact avec le maître par la ligne d'audition (ligne en pointillé) et s'arrête à la ligne du professeur (ligne pleine) qui figure l'axe de la salle d'armes.

Le professeur Dubois et le pointeur aveugle Grattepain, dont le maître a fait un tireur de premier ordre. En médaillon : l'élève en garde.

Arrivé au point d'intersection de la « ligne d'audition » et de la « ligne du professeur », l'élève, sur un appel, s'arrête et par un « demi à droite » fait face au maître et le salue. Il est prêt à croiser le fer, et à tomber en garde.

L'AVEUGLE, EN GARDE, ENGAGE LE COMBAT

Il semble paradoxal que l'escrime puisse être un sport pour ceux que la guerre a rendus aveugles. Cependant, le professeur Dubois, dont nous donnons ci-dessus la méthode par l'image, est arrivé à des résultats surprenants. C'est d'ailleurs, en effet, plutôt par le « toucher de l'épée » que par les yeux qu'un escrimeur habile sent vraiment les intentions de l'adversaire.

— 254 —

Actuellement, cette escrime particulière concerne diverses sortes de handicaps classés en plusieurs catégories selon leur gravité : paraplégiques, hémiplégiques, amputés divers, déficients visuels ou mentaux, mais aussi civils ou militaires…

Souvent, ce sont des jeunes, hommes et femmes, qui, à la suite d'un accident, ont perdu un membre : l'escrime en fauteuil (comme le sport avec prothèse dans d'autres disciplines) leur permet de « vivre » encore en pratiquant une activité physique intense avec une motivation exacerbée : cela peut constituer une forme de revanche sur leur handicap.

L'intérêt des autorités, françaises et internationales, se manifeste par l'organisation de compétitions handisports pendant les Jeux olympiques des valides, ou même pendant des épreuves de moindre importance.

Des compétitions spécifiques leur sont consacrées sur le modèle des épreuves classiques, championnats de France et du Monde par exemple. Dans certains cas, des valides sont invités à prendre place dans un fauteuil de handicapé pour un assaut de démonstration.

Tous ces sportifs méritent notre admiration pour la volonté qu'ils manifestent à surmonter leur handicap.

L'escrime et les cartes postales

On considère généralement que l'âge d'or de l'escrime française se situe entre 1880 et 1914, période où la carte postale vivait ses grandes heures.

Un amateur de cartes postales anciennes qui s'intéresse à l'escrime peut donc constituer une fabuleuse collection sur ce thème.

La création de la section Escrime à l'École de Joinville en 1872 donna naissance à un nombre considérable de cartes. Dans la foulée, les quelque 1 000 régiments stationnés en France en firent autant : chaque ville de garnison avait sa ou ses cartes postales montrant sa salle d'armes !

Des séries furent aussi créées : par exemple *les joies de la caserne*. Il peut d'ailleurs être amusant de rechercher à quelle ville appartient la caserne photographiée.

Cette collection thématique débouche de fait sur un véritable cours de géographie... et donc d'histoire. Les grandes écoles (Polytechnique, St-Cyr par exemple) en firent autant, ainsi que les lycées publics ou privés qui immortalisèrent leurs salles.

Le nombre de cartes postales en circulation est alors impressionnant : chaque groupement, de Paris ou de province,

Cette scène d'escrime en équilibre sur un portique haut de 5 mètres a été tournée devant l'École de gendarmerie de Melun.

possédait sa salle, tout comme les stations thermales et les villes de villégiature estivale, ou encore les salles de rédaction de certains journaux avaient la leur.

Comme pour les autres sports, on édita des cartes à l'effigie de certains champions d'escrime (notamment Christian d'Oriola en 1952) ou à l'occasion de grandes compétitions, les J.O. de Paris en 1924 en particulier.

À travers la publicité, de nombreuses scènes d'escrime vantant les mérites de tel ou tel produit se mirent à circuler sous forme de cartes postales, ainsi cet hôtel de province qui fait sa publicité en montrant la piste d'escrime installée sur sa terrasse !

Les cartes postales témoignent aussi à leur manière des mœurs de l'époque, ainsi, à la fin du XIXe siècle, la bienséance interdisait à la femme de laisser apparaître la moindre portion de son anatomie ; même la cheville se devait d'être cachée. Il était donc tentant de braver l'interdit : de nombreuses cartes postales de jeunes femmes plus ou moins dénudées circulaient sous le manteau, vendues à la sauvette dans certains quartiers. Dans ce cadre, l'escrime fut mise à contribution : on trouve encore des cartes postales de jeunes escrimeuses en tenue très légère, ou des tableaux représentant *un duel de femmes*, la poitrine découverte.

« Est-il vrai qu'à cette époque, les femmes se battaient en duel dans cette tenue *? »* Que ceux qui se poseraient la question se rassurent, cette imagerie légère n'était qu'un moyen de narguer la censure et de s'en affranchir sous le prétexte de réaliser une œuvre d'art.

VICHY. - Salle d'Armes de l'Etablissement Thermal de Vichy
552 - Editeur B. Perraud, 106, Place des Quatre-Chemins, Vichy

VITTEL - Le Salut dans les Armes
phot., Vittel

Passy-Froyennes
La leçon d'escrime 32

Fr. Voelcker, phot., Saumur, déposé (obtenu avec appareil Goerz-Anschutz)
103. SAUMUR (M.-et-L.). — Maîtres d'armes faisant une poule à l'épée

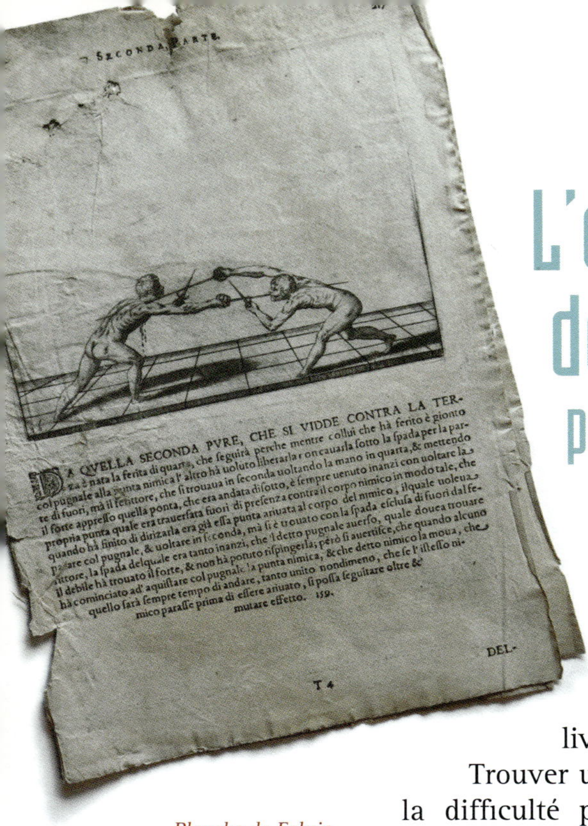
SECONDA PARTE.

DA QVELLA SECONDA PVRE, CHE SI VIDDE CONTRA LA TERza è nata la ferita di quarta, che seguirà perche mentre colui che hà ferito è gionto col pugnale alla punta nimica l'altro hà uoluto liberarla, on cauarla sotto la spada per la parte di fuori, mà il feritore, che si trouaua in seconda uoltando la mano in quarta, & mettendo il forte appresso quella ponta, che era andata disotto, è sempre uenuto inanzi con uoltare la propria punta quale era trauersata fuori di presenza contra il corpo nimico in modo tale, che quando hà finito di dirizarla era già essa punta ariuata al corpo del nimico, ilquale uoleua parare col pugnale, & uoltare in seconda, mà si è trouato con la spada esclusa di fuori dal feritore, la spada delquale era tanto inanzi, che 'l detto pugnale auerso, quale doueua trouare il debile hà trouato il forte, & non hà potuto rispingerla; però si auertisce, che quando alcuno hà cominciato ad' aquistare col pugnale la punta nimica, & che detto nimico la moua, che quello sarà sempre tempo di andare, tanto unito nondimeno, che se l' istesso nimico parasse prima di essere ariuato, si possa seguitare oltre & mutare effetto. 159.

DEL-

T 4

Planche de Fabris, « Scienza e pratica d'arme », 1606.

L'escrime au fil de la plume :
premiers traités d'escrime

C'est un domaine particulièrement méconnu, même chez de nombreux libraires ; on sait, bien sûr, que quelques livres ont été écrits sur le sujet mais il en circule peu.

Trouver un ouvrage, même récent, est difficile ; on imagine la difficulté pour les plus anciens ! Et pourtant, la dernière bibliographie parue en recense plus de 4 000 depuis l'origine. Parmi toutes les activités qui sont devenues des *sports modernes,* seule l'équitation peut revendiquer une bibliographie plus fournie que l'escrime.

Les premiers ouvrages sont apparus à l'époque de la Renaissance : un manuscrit de 1410 en Italie, un autre en Espagne en 1474.

L'apparition de l'imprimerie permit la publication des premiers livres écrits par des maîtres d'armes, parmi les principaux, on peut citer :

- en Italie : Marozzo : 1534, Agrippa : 1553, Grassi : 1570, Viziani : 1575, Giganti : 1606, Fabris : 1606 - tous réédités de nombreuses fois.
- en Espagne : Pacheco de Narvaez : 1600
- en Allemagne : Lebkommer : 1531, Meyer : 1570
- en Angleterre : Saviolo : 1595, Silver : 1599.

- en France : premier ouvrage écrit en langue française par un gentilhomme provençal, Henry de Sainct-Didier, en 1573, *Traité contenant les secrets du premier livre sur l'épée seule...*

Directement inspiré des traités italiens antérieurs ; on ne connaît que quelques exemplaires de l'édition originale ; il a été réédité en 1907 à Paris à 2 000 exemplaires numérotés.

Ces livres ont été édités en très petit nombre, souvent en souscription auprès des élèves du maître pour couvrir les frais d'édition, considérablement augmentés par la gravure des planches explicatives. Ils sont évidemment rarissimes. En France, jusqu'à la Révolution, ils sont réservés à la noblesse – qui, seule, a droit au port de l'épée –... et à ceux qui savent lire !

Luxueusement reliés par leurs propriétaires, décorés « *aux armes* » avec de beaux ex-libris, ils sont devenus objets de collection très recherchés.

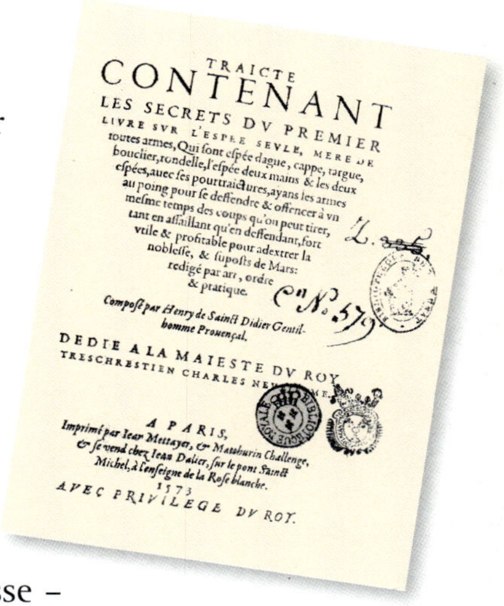
TRAICTE CONTENANT LES SECRETS DV PREMIER LIVRE SVR L'ESPEE SEVLE, MERE DE toutes armes, Qui sont espée dague, cappe, targue, bouclier, rondelle, l'espée deux mains & les deux espées, auec ses pourtraictures, ayans les armes au poing pour se deffendre & offencer à vn mesme temps des coups qu'on peut tirer, tant en assaillant qu'en deffendant, fort vtile & profitable pour adextrer la noblesse, & suposts de Mars: redigé par art, ordre & pratique.

Composé par Henry de Sainct Didier Gentilhomme Prouençal.

DEDIE A LA MAIESTE DV ROY TRESCHRESTIEN CHARLES NEVFIESME.

A PARIS,

Imprimé par Iean Mettayer, & Mathurin Challenge, & se vend chez Iean Dalier, sur le pont Sainct Michel, à l'enseigne de la Rose blanche.

1573

AVEC PRIVILEGE DV ROY.

Page de garde de Saint-Didier, « Traité contenant les secrets du premier livre sur l'épée seule... »

Les principaux ouvrages français des XVIIe et XVIIIe siècles

Sous le règne de François Ier, la France découvrit la *Renaissance italienne* et tous les arts qui s'y développaient ; on fit venir en France de nombreux artistes, le plus célèbre étant Léonard de Vinci, à Amboise. L'escrime était déjà considérée comme un *art*. À ce titre, les rois de France s'assurèrent les services de maîtres d'armes italiens renommés :

Pompée sous Charles IX (1560-1574) ; Sylvie sous Henry III (1574-1589) ; Hyéronime Cavalcabo sous Henry IV (1589-1610) ; César Cavalcabo sous Louis XIII (1610-1643).

À partir de Louis XIV, l'escrime française se libéra de l'influence italienne grâce aux maîtres qui lui donnèrent ses lettres de noblesse à travers quelques grands classiques des XVIIe et XVIIIe siècles, qui tous ont fait progresser la technique de l'art des armes.

1628 : *L'Académie de l'Épée*

Thibault d'Anvers fait référence aux traités espagnols, en particulier Pacheco de Narvaez ; il utilise un cercle mystérieux qui est censé rendre imbattable celui qui respecte à la lettre le placement sur ce cercle. Théorie peu réaliste et peu suivie mais ouvrage considéré comme un monument bibliographique avec des planches somptueuses (réédité en 2005).

1653 : *Le maître d'armes libéral*

Scène d'escrime du Bourgeois Gentilhomme, *1670.*

Ci-dessous, Planche extraite du traité de Labat, L'art en fait d'armes, *1696.*

Bésnard y traite du fleuret. Il innove en parlant de la Reprise, de la Prime, du Salut appelé Révérence.

1670 : *Les vrays principes de l'espée seule*

Philibert de la Touche y précise le dégagement dont le nom perdurera jusqu'à nos jours ; il conseille une fente exagérément longue… dont il est difficile de se relever. Probablement le plus rare de tous les livres de la bibliographie française.

1670 : *Le Bourgeois gentilhomme*

Il ne s'agit évidemment pas d'un livre d'escrime mais la présence du maître d'armes, même caricaturale, prouve l'importance du sujet quand Molière s'écrie : « *La science de tirer des armes est la plus belle et la plus nécessaire de toutes les sciences : le secret des armes ne consiste qu'en deux choses, à donner et à ne point recevoir.* » Excellente définition toujours pertinente.

1676 : *L'exercice des armes ou le maniement du fleuret*

Le Perche du Coudray est le premier à définir la riposte, bien que dans les planches représentant l'utilisation du fleuret, il n'emploie que le mot épée.

1686 : *Le maître d'armes ou l'exercice de l'épée seule*

Vernesson de Liancourt définit le coupé, enseigne la riposte en deux temps et les gardes en prime, seconde, tierce, quarte, quinte et septime, déconseille l'emploi de la main gauche.

1696 : *L'art en fait d'Armes* ou *de l'épée seule* (en fait le fleuret)

Labat (à Toulouse) enseigne battement, liement, coupé et parade en cédant mais déconseille les contres et contre-dégagements.

L'abandon de la rapière (et des coups de taille) remplacée par la courte épée à la française, légère et beaucoup plus maniable, permit à l'école française du XVIIe de rattraper le retard accumulé sur l'école italienne.

1736 : *Nouveau traité de la perfection sur le fait des armes*

Girard, cet ancien officier de marine, non maître d'armes reconnaît enfin l'intérêt, pour les parades, des contres.

1763 : *L'École des armes* édité à Londres mais selon les principes de l'École française étudiée à Paris par l'auteur Angelo ; l'un des plus beaux traités d'escrime avec 47 grandes planches. Réédition en couleurs en 1968.

1766 : *L'art des armes ou la manière la plus certaine de se servir...*

Danet, réformateur audacieux qui harmonisa la technique, supprima les éléments inutiles et fut à l'origine de l'École française dont nous suivons encore les principes.

Selon Vigeant, « *son ouvrage doit être classé parmi ceux qui ont rendu le plus de services à la cause de notre art et de son enseignement* ».

Le Perche du Coudray, 1676.

Planche du Nouveau traité de la perfection sur le fait des armes *de Girard, 1736.*

1767 : Publication d'un second tome.

« *Contenant la réfutation et réponses de l'auteur à la critique de cet ouvrage* »

1770 : *La Grande Encyclopédie*

Pour Diderot et d'Alembert l'escrime fait partie des Arts mécaniques (avec l'équitation, la natation et la danse) que tout « honnête homme » du XVIIIe se doit de connaître. Les 15 planches et les 15 pages de textes sont directement inspirées de l'Angelo.

À partir du XIXe siècle, l'escrime devient une discipline plus accessible : à côté de la noblesse d'épée apparaissent de nouvelles classes aisées dont font partie les journalistes, les hommes politiques, les écrivains... ; ils pratiquent « *l'art des armes* » en sachant qu'ils auront peut-être un jour à défendre leurs écrits ou leurs idées l'épée à la main.

Il faut se souvenir que les grands journaux (*le Figaro, le Progrès de Lyon*...), la Chambre des députés et le Sénat ont créé des salles d'armes dans leurs propres locaux !

Les justificatifs de tirage apparaissent vers le milieu du XIXe siècle : 500 en moyenne dont 10 ou 20 sur papier de Chine ou Japon, les autres sur velin ou Hollande, tous numérotés, signés par leur auteur et souvent dédicacés ; les prix ? : 30, 50 ou même 100 francs-or ! Ils restent dans les familles, se transmettant de génération en génération, d'où leur rareté.

En France, après la défaite de 1870, la toute jeune IIIe République décide que l'enseignement de l'escrime sera obligatoire dans l'armée ; le nombre d'ouvrages augmente considérablement, tous écrits par des maîtres d'armes militaires ou par des officiers.

En 1877, le ministère de la Guerre édite un petit opuscule – *Règlement d'escrime* – qui sera réédité chaque année jusqu'en 1908 où il sera remplacé par une nouvelle édition dans laquelle les escrimeurs ont perdu leurs moustaches « Napoléon III ». Jusqu'en

1914, les ouvrages techniques ou anecdotiques vont se multiplier, le *duel* restant la finalité ultime de l'apprentissage de l'escrime.

À la fin du XIXe siècle, la mode du sport à l'anglaise touche la société française : les escrimeurs sortent des salles d'armes et se mesurent parfois à l'extérieur : la « *Grande Semaine d'Épée* » est l'un des moments forts de la société de la Belle Époque, mettant aux prises les officiers, sous-officiers, maîtres de Joinville ou de garnison, maîtres de salles civiles ou simples « amateurs ».

Une matinée par semaine est réservée à des « *assauts courtois* » à l'Élysée en présence du président de la République. Tous les grands journaux ont une rubrique « escrime » mi-sportive, mi-mondaine, illustrée par des dessinateurs célèbres : *F. Régamey, Mars, Marius Roy, Courtry...*

Les livres, plus faciles à produire, sont toujours plus nombreux, l'illustration par la photo a remplacé les planches, les tirages ont augmenté, les prix ont fait l'inverse.

Le *règlement militaire de 1908*, cité plus haut, devient le bréviaire des maîtres militaires : appris par cœur et appliqué à la lettre, il perdure jusqu'en 1940 malgré son remplacement en 1933, par un *règlement civil* du sous-secrétariat d'État à l'Éducation physique.

Entre les deux guerres, l'escrime perd de son aura : le duel a quasiment disparu car les survivants ne veulent plus risquer leur vie miraculeusement épargnée pendant la Grande Guerre. D'autres sports sont venus supplanter ce qui s'est appelé pendant des siècles l'art des armes. Un seul escrimeur de cette époque survit de nos jours dans la mémoire de ceux qui s'intéressent à l'histoire de ce sport : Lucien Gaudin, double champion olympique en 1928, à 42 ans. En 1927, il publia un petit opuscule de vulgarisation régulièrement réédité.

Quelques amateurs, maniant aussi bien la plume que le fleuret ou l'épée, écrivent des ouvrages remarquables d'érudition ou de technique (*Letainturier-Fradin, Jean-Joseph Renaud, Georges Dubois, Bruneau de Laborie...*)

L'armée et ses maîtres ont tenu l'escrime pendant très longtemps et lui ont permis de survivre après 1945. Apparaît alors, en complément, une nouvelle génération de maîtres d'armes professeurs d'éducation physique ; ils se sont spécialisés en escrime, pendant ou après leur formation de pédagogues du sport et certains n'hésiteront pas à prendre la plume à leur tour. En plus de ces maîtres militaires et civils qui consacrent la totalité de leur activité à l'enseignement, quelques-uns ont une activité professionnelle sans rapport avec l'escrime et donnent la leçon pour le plaisir... ou pour le complément de ressources.

Tous concourent à la vulgarisation de l'escrime et à sa démocratisation sans pour autant qu'elle perde son prestige dans l'opinion publique... qui lui reproche parfois son élitisme ! Les conditions de l'apprentissage et la rigueur militaire se sont assouplies pour s'adapter à des milieux différents nécessitant une discipline plus librement consentie.

Quelques livres contemporains constituent des références dans certains domaines :

- technique de base : Me Cléry, Me Thirioux
- pédagogie : Me D. Revenu, Me Popelin
- histoire : Letainturier-Fradin, Me Lacaze,
- palmarès : P. Boisse, Me Donnadieu.

Malgré son ancienneté, un ouvrage de technique peut encore servir de repère pour l'épée : *Escrime*, de Jean-Joseph Renaud, écrit en 1911, à une époque où le duel sévissait encore, il ne s'agissait pas tellement de gagner un assaut mais surtout de ne pas se faire tuer.

En plus de ces livres en français, il existe un grand nombre d'ouvrages en anglais, italien, allemand, hollandais, russe, hongrois... et dans toutes les langues des pays affiliés à la F.I.E. (plus de 100).

Une bibliographie moderne, couvrant toutes les époques et tous les pays a été éditée récemment : elle répertorie les 4 000 ouvrages évoqués plus haut.

Bibliographie française des XIXe et XXe siècles

De nombreux ouvrages du XIXe siècle mettent en valeur l'escrime française :

1818 : Laboëssière, *Traité de l'art des Armes à l'usage des professeurs et des amateurs*
1820 : Lafaugère, *Traité de l'art de faire des Armes* (rééd. 1825, 1838, 1865, 1883)

1845 : Gomard, *La théorie de l'escrime enseignée par une méthode simple...*

1847 : Grisier, *Les armes et le Duel* (rééd. 1864)

1862 : Cordelois, *Leçons d'Armes : du duel et de l'assaut* (rééd. 1873)

1877 : Ministère de la Guerre, *Manuel d'escrime*

Réédité régulièrement presque tous les ans jusqu'en 1908.

1885 : Tavernier, *L'art du duel*

1886 : Camille Prévost, *Théorie pratique de l'escrime*

1887 : Georges Robert, *La science des armes ; l'assaut et les assauts publics...*

Les principaux ouvrages du XXe siècle et début XXIe

1908 : Ministère de la Guerre, *Règlement d'escrime : fleuret-épée-sabre*

1911 : Jean-Joseph Renaud, *L'escrime* (sur l'épée)

1933 : Sous-secrétariat d'État de l'Éducation physique, *Règlement d'escrime*

1948 : Lieutenant Cléry, *Traité d'escrime de pointe*

1963 : Me Battesti et Prost, *Traité d'escrime : le fleuret*

1964 : Me Raoul Cléry, *Escrime* (rééd. 1973, coll. Que sais-je ?)

1970 : Me Thirioux, *Escrime moderne* et en 1977 : *Escrime au fleuret*

1974 : Me D. Revevu, *Escrime et Éducation*

1978 : Me Donnadieu, Noël, Safra, *Escrime*

1979 : Pietruska, *L'escrime en dix leçons*

1990 : Boisse, *Tout sur l'escrime*

1991 : Me Lacaze, *Du Duel à l'Escrime*

1998 : Me Six, *Escrime*

1999 : Me Gérard et Me Parade, *L'escrime : la technique, la pratique, la compétition.*

2002 : Me Popelin, *Escrime : enseignement et entraînement*

Il peut être aussi intéressant de dresser une liste des principaux ouvrages en français classés par thèmes :

Histoire de l'escrime

1851 : Embry

1883 et 1887 : E. Mérignac

1888 : Egerton Castle (traduit de l'anglais)

1888 : Daressy (*archives des Maîtres d'armes*)

1896 : Bersin

1905 : Letainturier-Fradin (*Les Joueurs d'épée à travers les siècles*)

1928 : Barbasetti

1971 : Lacaze

Histoire du duel

1722 : Brantôme

1835 : Fougeroux de Campigneulles

1884 : Vigeant (*duels de maîtres d'armes)*

Baron de Vaux : *(les duels célèbres)*

1892 : Letainturier-Fradin (*Le duel à travers les âges)*

1903 : E. André (*les duels franco-italiens*)

1982 : Cuenin (*le duel sous l'Ancien Régime)*

1990 : Monestier

2002 : Serna, Brioist, Drevillon : (*Croiser le fer, violence et culture de l'épée)*

2008 : F. Guillet, *La Mort en face, histoire du duel de la Révolution à nos jours*

Législation du duel

1689 : *Recueil des édits sur le duel*

1819 : Brillat-Savarin (*Essai historique et critique sur le duel)*

1829 : Bataillard

1836 : Chatauvillard (*Essai sur le duel :* a fait autorité jusqu'en 1914)

1837 : Dupin

1846 : Cauchy

1904 : Pierquin – Bruneau de Laborie

1918 : Breittmayer

Plus une grande quantité de plaquettes tout au long du XIXe siècle pour tenter de supprimer le duel.

Bibliographies

1882 : Vigeant

1890 : Gelli (texte français et italien)

1896 : Thimm

1926 : Garcia-Donnell, *catalogue de la vente de sa collection à Paris* : 2 000 livres d'escrime

1995 : Pardoël, recensement de 4000 livres du monde entier, des origines à nos jours !

Caricatures

1890 : Mars, *l'Escrime à l'Élysée : 100 ex.*

1901 : Perrée-Seguin, *Silhouettes d'escrimeurs*

1907 : Mich

1914 : La galerie de l'E.P.M *(Monaco)*

1924 : G.Villa, *Haut les Masques*

1930 : Lechat - Belgique : *Liège, Ostende, Anvers*

1936 : Rèche et Pazzi, *Caricatures d'escrimeurs de Bordeaux.*

Escrime régionale

Bordeaux :

1905 : Hoke ; 1908 : Labadie ; 1925 : St-Georges

Lyon :

1888 : Gautier ;

Paris :

1875 et 1887 : Saint-Albin ;

1882 : Baron de Vaux, *les Hommes d'épée*

1896, 1899 et 1900 : Goudourville ;

1886 : Tavernier, *Amateurs et salles d'armes*

Nord :

1911 : Letainturier-Fradin, *le duel dans le Nord à travers les âges.*

Normandie :

1835 : Canel, *Combats judiciaires en Normandie)*

1914 : Lavalley, *Les duellistes de Caen*

Poitiers :

1950 : Duplantier, *Les duels à Poitiers et dans la Vienne au XIXe siècle*

L'escrime et la femme

1881 : de Beaumont

1885 : Baron de Vaux

1896 : Bergès

1937 : Lambotte

Ouvrages anecdotiques

1860 : A. Dumas, *Le maître d'armes* ;

vers 1860 : Colombey, *Histoire anecdotique du duel*

1862 : Bazancourt, *Les secrets de l'épée*

1882 : Emile André, *Coulisses et salles d'armes*

1887 : Legouvé, *Deux épées brisées*

1889 : Vigeant, *l'Almanach de l'Escrime*

1902 : Ohnet, *6 heures, la Salle d'armes*

1923 : H. Georges Berger, *15 ans d'escrime*

1931 : Massard, *Êtes-vous prêts ?*

1935 : P. de Cassagnac, *Allez Messieurs*

1937 : C. Prévost, *Escrimeurs et Duellistes*

1949 : Ducret, *D'estoc et de taille*

2001 : Bollée, *Lucien Gaudin, le maître des Armes*

Ouvrages humoristiques

1890 : Leroy, *Le guide du duelliste indélicat*

1900 : E. André, *Les trucs du duel*

1908 : Rouziers-Dorcières, *Sur le pré* (préface de Courteline)

L'escrime et le théâtre

1890 : Letainturier-Fradin, *Le théâtre héroïque*

1910 : Dubois, *L'escrime au théâtre, dague et rapière*
1925 : *Essai sur l'escrime*

1993 : Promard, *Escrime de spectacle*

2005 : *la canne, la double canne, le bâton*

2004 : D. Marciano, Bob Heddle-Robboth, *De l'épée à la scène*

2007 : Bac Tau, *Escrime de spectacle*
(avec 800 croquis de l'auteur)

Ouvrages spécifiques pour chaque arme

<u>Fleuret</u> :

1886 : *Camille Prévost ;*

1963 : *Battesti et Prost ;*

1964 ; *Cléry* ;

1977 : *Thirioux*

Épée :

1884 : *Lamarche, traité de l'épée ;*

1898 *: l'Épée ;*

1887 : *E. André et Jacob ;*

1893 : *Baudry ;* 1898 : *Spynnewin* ;

1911 : *J.-Joseph Renaud ;*

1970 : *Thirioux*

Sabre :

1905 et 1928 : *Barbasetti ;*

1953 *: Piedfer ;*

1955 *: Crosnier ;*

1970 *: Thirioux*

Sabre à cheval :

1816 : *Muller* ;

1817 : *Chatelain* ;

1895 : *Derué* ;

1897 : *Alessandri*

Cette liste ne prétend évidemment pas être exhaustive : elle ne comprend que les principaux livres en français dont quelques-uns traduits de l'anglais ou de l'italien.

Certains sont très techniques, beaucoup d'autres sont d'une lecture plus facile mais tous présentent un intérêt évident quant à notre *Légende de l'escrime.*

Pour plus de détails, consultez le catalogue de Jeanne-Élise d'Antan, l'Antiquaire de l'Escrime, en ligne sur www.antiquaire-escrime.com.fr où près de 700 ouvrages sont répertoriés (dont la quasi-totalité de ceux cités ci-dessus).

Quelques adresses utiles

Fédération française d'escrime : F.F.E.
14, rue Moncey
75009 Paris
tél. : 01 44 53 27 50
www.escrime-ffe.fr

Escrime Magazine
(la revue officielle de la Fédération)
redaction@escrimemagazine.com ;
tél. : 01 45 67 30 72
pour précisions ou inscriptions
dans une salle :
- F.F.E.
- Comités départementaux Jeunesse et Sports
- Services des Sports en mairie

Fédération nationale des Maîtres d'armes (F.N.M.A.)
102, rue des Dames
75017 Paris

Académie d'Armes de France (A.A.F.)
chez le président : Maître Claude Carliez 10, rue Poirier
94160 Saint-Mandé
tél. : 01 43 28 85 44
ou michel.olivier@escrime-artistique.com (secrétaire général de l'A.A.F.)

Fournisseurs de matériel d'escrime moderne :

Cartel : 37, rue Mathurin Régnier
75015 Paris
tél. : 01 40 56 07 09
www.cartel-escrime.com
Mail : bruno.royer@cartel-escrime.com

Escrime-diffusion : 66, avenue Joffre
92340 Bourg-la-Reine
tél. : 01 41 13 89 50
paris@escrime-diffusion.com
30, avenue Karl Marx
69120 Vaulx-en-Velin
tél. : 04 72 97 00 60
info@escrime-diffusion.com

Glisca : 6, rue Crinas prolongée
13007 Marseille,
tél. : 04 91 59 28 11
www.glisca-escrime.free.com
gliscaescrime@free.fr

Nation Sports et Loisirs – Planète Escrime
74, rue Clisson 75013 Paris
tél. : 01 43 43 25 29
mail : nationssports@wanadoo.fr

Prieur-Sports :
- 76, boulevard Richard Lenoir
75011 Paris
tél. : 01 43 14 33 10
6, rue de Charolles
71300 Montceau-les-Mines
tél. : 03 85 69 07 77
www.prieur-sports.com

Fournisseurs de matériel pour l'escrime de spectacle :

- Chevaliers d'Auvergne :
43110 Aurec-sur-Loire
tél. : 04 77 35 20 45
www.chevalierdauvergne.com
contact@chevalierdauvergne.com

- Rêves d'Acier :
7, rue Sophie Germain
75014 Paris
tél. : 01 43 27 21 56
http://revesdacier.com

- Sport sept :
423, rue de Marzan
74300 Cluzes
tél. : 04 50 96 62 78
http://sport7.fr - info@sport7.fr

Musées :

- Musée du Sport :
93 avenue de France
75013 Paris
www.museedusport.fr

- Musée Maître Van Oeveren :
Clos de Bel Air ; route d'Orléans
45130 Meung-sur-Loire
tél. : 02 38 45 35 82
mail : musee-escrime@free.fr

Magasin-Musée :
l'Antiquaire de l'Escrime :
Maître Jacques Castanet
5 000 articles sur l'escrime du XVIe à nos jours (dont 1 500 ouvrages)
8, place Beaumarchais « Clair Village »
91600 Savigny-sur-Orge
tél. : 01 69 44 07 77 – 06 64 37 77 76
www.antiquaire-escrime.com.fr
castanet@antiquaire-escrime.com.fr

EMPRUNTS LITTÉRAIRES

Pour la rédaction de cet ouvrage, quelques auteurs – des anciens en grande majorité – ont été consultés, j'ai plaisir à leur rendre hommage ici :

- Édouard de Beaumont : *L'Épée et les Femmes*, 1881
- Beauvois-Devaux : 1902 : *Considérations...*, 1902
- H. Bernard-Talhandier : *Le duel militaire*, 1875
- Brantome : *Anecdotes de la cour de France*, 1722
- Eugène Cauchy : *Du Duel...*, 1846
- Jules Comte : journaliste à *l'Illustration*, 1885
- Henri Daressy : *Statuts et Règlements...*, 1867
- Alexandre Dumas : *Les Trois Mousquetaires*, 1848
- Fougeroux de Campigneulles : Histoire des duels anciens
- Franklin : *Le Coup de Jarnac*, 1909
- Me Pierre Lacaze : *Histoire de l'escrime*, 1971

  Armand Lafitte : Escrime 43, 1943
- Larousse : *Le Grand Larousse* du XIXe siècle en 17 volumes
- Daniel Marciano : *Le Chevalier Saint-George*, 2004
- A. de Melotte : *L'escrime... au pays de Liège*, 1911
- Émile Mérignac : *Histoire de l'Escrime*, 1883
- Molière : *Le Bourgeois Gentilhomme*, 1670
- Ohnet : *6 heures, la Salle d'armes*, 1902
- Prévault : *Les Amis de régiment*, 1875
- Gilles Vauzelle : *Le Cinéma et l'Escrime*, 2002
- Vigeant : *Un Maître d'armes sous la Restauration*, 1883

Maquette et réalisation : Élisa Dauban

Imprimé en Espagne par
POLICROM, SA, Barcelone
Premier dépôt légal : 4e trimestre 2008